武汉大学区域经济研究中心系列成果

长江中游城市群研究

RESEARCH ON URBAN AGGLOMERATION
IN THE MIDDLE REACHES
OF YANGTZE RIVER

吴传清 万 庆 陈 粦 黄 磊 等 著

社会科学文献出版社
SOCIAL SCIENCES ACADEMIC PRESS (CHINA)

目　录

I　研究报告

II　期刊论文

III　其他

I

研究报告

长江中游城市群绿色发展
研究报告*

一　长江中游城市群绿色发展进展

（一）长江中游城市群绿色发展政策实践

1. 绿色发展政策实践时空分布

2007 年以来，湖北、湖南、江西三省都颁布了一系列绿色发展政策。其中，湖北省共发布 274 份文件、江西省共发布 201 份文件、湖南省共发布 71 份文件（见表 1）。由此可见，湖北、江西、湖南三省绿色发展政策存在地区差异。

表 1　湘鄂赣三省绿色发展相关文件时空差异统计

年份	湖北省	江西省	湖南省	合计
2007	0	8	0	8
2008	0	7	0	7
2009	1	11	0	12
2010	6	20	5	31
2011	15	8	9	32
2012	26	21	7	54
2013	29	21	8	58

＊　本研究报告完成于 2017 年 5 月。执笔人：吴传清、黄磊、陈文艳、申雨琦、邓明亮、宋子逸。

续表

年份	湖北省	江西省	湖南省	合计
2014	28	15	11	54
2015	37	18	7	62
2016	120	68	22	210
2017	12	4	2	18
合计	274	201	71	546

资料来源：根据相关文件整理。

　　从时间尺度来看，2007 年以来，湘鄂赣三省绿色发展相关文件发布数量不断增加，从现有统计结果来看，江西省重视绿色发展的时间较早，湖南、湖北采取措施相对较晚。2010 年以来，尤其是 2013 年以来，湘鄂皖三省发布的绿色发展相关文件数量增长较快（见图 1）。2016 年长江经济带"生态优先，绿色发展"战略定位提出之后，湘鄂赣三省绿色发展相关文件发布数量大幅增加，分别占绿色发展相关文件总数的 31.0%、43.8% 和 33.8%，由此可见，生态发展、绿色发展越来越受到湘鄂赣三省的重视。

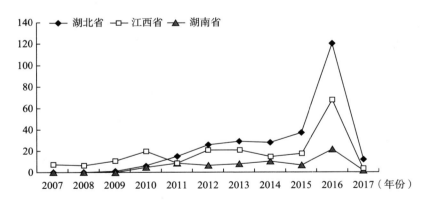

图 1　鄂赣湘三省绿色发展相关文件时空差异统计
资料来源：根据相关文件整理。

　　2. 绿色发展政策工具比较分析

　　（1）政策工具与研究方法确定。本报告以三维政策工具为标准，将政策工具划分为环境面政策工具、供给面政策工具、需求面政策工具，对湘鄂赣三省绿色发展相关政策工具进行分析（见图2）。环境面政策工具细分为目标规划、财务金融、税收优惠、法规管制、策略性措施五个方面；供给面政策工具分为人力资源培养、信息支持、基础设施建设、资金支持、公共服务五个方面；需求面政策工具分为政府采购、外包、贸易管制和海外机构四种具体政策工具。对湘鄂赣三省绿色发展政策工具使用分析采用内容分析法和文献编码法，以湘鄂赣三省"绿色发展"相关文件中政策措施部分为分析主体，将分析单元定义为政策文本中意思表达完整的政策条款，按照上述三维政策工具分类进行编码和统计，以此来分析各省政策工具使用的合理性。

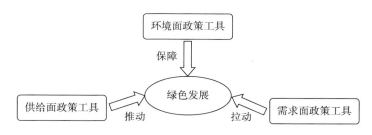

图2　三维政策工具概念示意

资料来源：根据相关文件整理

（2）绿色发展政策工具结果分析。湖南省绿色发展的环境面政策工具居于主导地位，需求面政策工具不足。在湖南省绿色发展政策中，环境面政策工具占比达到73.2%，供给面政策工具占比25.4%，需求面政策工具严重不足，仅占政策工具总数的1.4%（见图3）。湖南省绿色发展环境面政策工具主要集中在目标规划、策略性措施和法规管制三个方面。环境面政策工具是湖南省绿色发展相关政策工具的主体，目标规划和策略性措施建议或意见是湖南省绿色发展相关政策文件的主体。为促进绿色发展，湖南省各级政府单位制定了一系列"通知"、"规划"和"意见"，促进绿色发展。法规管制方面，湖南省通过能源市场管制、污染排放标准、产业发展目标管理考核办法等规范，提升湖南省绿色发展水平。与此同时，湖南省还通过横向财政转移支付、排污权交易、水权交易、生态服务标志和生态激励等经济补偿，扶持湖南省生态产业发展；

构建绿色投融资机制，发展绿色金融、绿色信贷、绿色发展基金、绿色债券等绿色金融产品和服务，引导更多社会资本投入低碳发展领域；减免生态产业税收，扶持生态产业发展。湖南省绿色发展供给面政策工具主要集中在基础设施建设、人力资源培养两个方面。基础设施建设方面，湖南省一方面提出加快公共交通设施建设，促进绿色发展；另一方面，推进绿色农房建设，实施节能环保改造升级，加强人居环境建设。人力资源培养方面，湖南省通过绿色环保技术的研究为湖南省绿色发展提供技术支持。与此同时，湖南省还通过进一步优化投资结构，引导资本投向高技术产业和战略新兴产业，促进绿色产业发展。湖南省绿色发展需求面政策工具相对较少，主要集中在能源消费和交通消费两个方面。湖南省在促进绿色发展的过程中，一方面促进能源消费节约，提高资源利

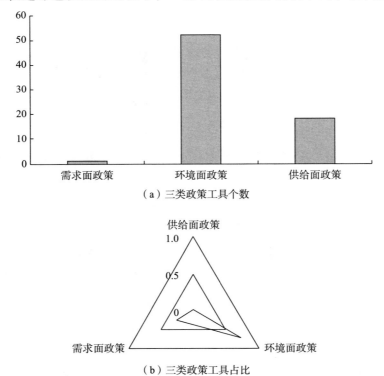

图3　湖南省绿色发展三类政策工具分布

资料来源：根据相关文件整理。

用效率和循环利用水平，减少能源消耗和污染排放，同时调整能源结构，增加清洁能源消费比重；另一方面，湖南省在大力建设基础设施的同时积极引导居民使用绿色交通方式，提倡绿色消费。总体来看，湖南省在绿色发展实践中，需求面政策工具的使用相对不足，需要进一步重视生产和生活中绿色消费的积极引导。

湖北省绿色发展的环境面政策工具居于主导地位，需求面政策工具不足。在湖北省绿色发展政策中，环境面政策工具占比达到73.2%，供给面政策占比21.3%，需求面政策工具相对不足，仅占政策工具总数的5.5%（见图4）。湖北省绿色发展环境面政策工具以目标规划、策略性措施和法规管制为主。为促进绿色发展，湖北省制定了一系列目标规划和策略性措施，加快全省工业供给侧结构性改革，推进绿色发展，努力构建绿色制造体系，积极促进产业转型升级，不断提高工业经济发展质量和水平。与此同时，湖北省一方面关注工农业生产过程中的污染排放，严格管制自然资源消耗和生产生活污染物的排放；另一方面，湖北省对各级地方政府发展过程中的环境责任严格考核管理，加强绿色发展政策落实效果的管理。湖北省绿色发展供给面政策工具集中在基础设施建设和公共服务方面。基础设施建设方面，湖北省一方面加强绿色交通基础设施建设，完善公共交通网络，以政府主导、统筹规划、积极扶持、方便群众、安全舒适、绿色发展为原则，加强城市公共交通设施建设；另一方面以城市绿色发展理念为指导，以棚户区改造为契机，加大城市基础设施建设，加强城市生态环境保护，不断提升城市品位，不断完善城市功能。公共服务方面，湖北省逐步贯彻绿色发展理念，推崇绿色民政事业发展方式，要求在民政机构运转中注重环境友好，加快资源整合、减少环节、优化流程，提升网上经办能力；在民政公共服务设施建设和管理中突出资源能源的节约和集约利用，杜绝低水平重复建设；在殡葬改革和建设管理中，提高土地节约、生态环保、污染物减排和生态安葬等方面的要求，最大限度地减轻对群众健康和环境质量的负面影响。湖北省绿色发展消费政策工具集中在消费方式的引导方面。一方面，湖北省积极优化能源消费结构，促进能源绿色发展，着力控制煤炭消费比重，大力提高天然气消费比重，加快发展新能源和可再生能源；另一方面，基于"生态优先、绿色发展"理念，促进文化、交通、餐饮的绿色消费，降低生活消费对环境的污染。

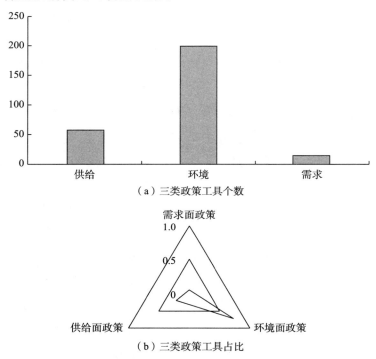

图4 湖北省绿色发展三类政策工具分布

资料来源：根据相关文件整理。

　　江西省绿色发展的环境面政策工具居于主导地位，供给面政策工具和需求面政策工具相对较少。在江西省绿色发展政策中，环境面政策工具占比达到62.8%，供给面政策工具占比26.6%，需求面政策工具相对不足，仅占政策工具总数的10.6%（见图5）。江西省绿色发展环境面政策工具以策略性措施和法规管制为主。在策略性措施方面，江西省制定了一系列工农业发展措施，以科技创新为原动力，加强建筑节能工作，推进传统产业向现代产业转变，大力发展绿色工业、生态农业，积极研发低碳建造工艺、技术和材料，大力推行绿色施工、绿色生产，加强工农业生产全过程的节能减排。与此同时，江西省积极培育发展林权交易

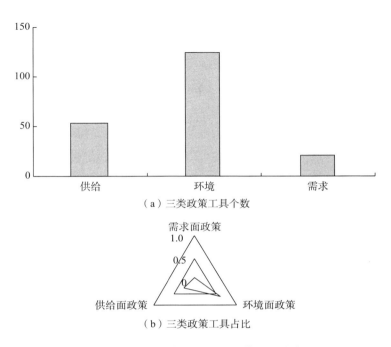

（a）三类政策工具个数

（b）三类政策工具占比

图5　江西省绿色发展三维政策工具分布

资料来源：根据相关文件整理。

市场，探索实施节能、碳排放权、排污权、水权交易试点，推进碳汇交易中心建设，抓好全国低碳城市试点，争取列入国家资源枯竭型城市试点，着力推进绿色发展、循环发展、低碳发展。法规管制方面，一方面严厉打击江西省非法违法生产经营建设行业，强制叫停损害生态环境、危害绿色发展大局的非法违法生产经营活动；另一方面，江西省不断完善绿色发展考评体系，建立健全工程建设绿色标准体系、政绩考核体系。与此同时，江西省积极利用税收优惠、财政和金融手段，支持生态经济、循环经济发展，认真落实好资源综合利用和环境保护、节能节水等各项地方税收优惠政策，推进生态立省、绿色发展战略。江西省绿色发展供给面政策工具以基础设施建设和公共服务为主。绿色交通方面，江西省加快公共交通设施的建设，加快关键性设施建设，推进流通领域节能降耗、绿色环保和低碳生态的设施建设和应用，促进流通业绿色发展；加快流通信息技术设施建设，推广先进技术在流通领域的应用，提高各类信息资源的共享和利用效率，提升流通业的现代化水平。城市基础设施方面，江西省牢固树立绿色发展、生态发展和可持续发展理念，科学组织，精心实施，全力以赴加快县（市）排水管网建设，提高城镇抵御洪涝灾害的能力和县（市）污水处理厂运行效率，改善城乡生态环境，促进节能减排，推动江西科学发展、进位赶超、绿色崛起。公共服务方面，江西省不断完善农业、工业、服务业发展服务机制，提高工作效率，全面推进生态保护、绿色发展。江西省绿色发展需求面政策工具集中在消费结构和消费方式及贸易管制方面。江西省积极倡导现代新型消费方式，贯彻绿色发展的理念，按照低碳生态经济的发展要求，加快推进绿色消费发展；积极引导个性化、时尚化、品牌化消费，更新消费观念，优化消费结构，促进服务型消费；推动销售模式创新，发展网上购物等商品销售方式；建立信用消费体系，完善信用消费环境。江西省积极参与绿色发展投资贸易的交流和洽谈，提升招商引资质量。

（二）长江中游城市群绿色发展绩效评估

1. 绿色发展绩效评估方法

（1）绿色发展研究综述。学术界关于绿色发展的研究是伴随着环境问题的凸显与人类环保意识的觉醒而展开的。随着传统经济增长带来的环境污染问题愈益严重，资源环境与经济社会发展之间的矛盾愈益突出，人们的环境意识逐渐觉醒，越发认识到实现环境、经济、社会协调可持续发展的必要性、重要性和紧迫性，实现绿色发展成为世界各国发展的共识。学术界有关绿色发展研究已形成较为丰富的系统研究成果，主要集中在以下四个层面。

一是关于绿色发展的内涵研究。虽然到目前为止学术界依然未就绿色发展内涵形成统一的概念界定，但现有研究成果对绿色发展认识却有着本质共识（OECD，2011；王玲玲等，2012；胡鞍钢等，2014；Krichevskiy，2015；王海琴等，2016），认为绿色发展是一种低碳、循环、生态、环保、健康的包容性可持续发展模式，强调在实现经济发展的过程中特别注重节约资源和环境保护，不以牺牲生态效益为代价实现经济效益和社会效益，包含"经济发展、资源节约和环境保护、社会福利增进"三大核心要素。

二是通过构建绿色发展评价指标体系对区域或产业绿色发展水平进行评价分析，结果往往表明绿色发展水平与经济发展基础呈正相关关系。就区域而言，大多数研究集中在全国整体和封闭或缺乏内生联系的省域、市域、县域，对具有内生联系的城市群绿色发展水平研究相对较少（郭永杰等，2015；Shao et al.，2016；张欢等，2016）；就产业而言，大都集中在非期望产出较多、环境压力较大的工业与农业，环境友好型、资源消耗少的服务业并非绿色发展产业改进重点（苏利阳等，2013；孙根紧等，2017）。

三是基于生产函数理论建构包含能源投入和非期望产出的投入产出指标体系，基于改进 DEA 模型（主要是 SBM 和 RAM 模型）对区域和产业绿色发展效率进行测度（王兵等，2014；岳书敬等，2015；吴旭晓，2016）。由于生产函数一般只包含劳动、资本、技术、能源、期望产出（GDP）、非期望产出（废水、废气、固废）等要素，所以绿色发展效率测度的指标体系较绿色发展水平的评价指标体系简易得多，是对现实生产活动的高度抽象反映，但其模型求解过程则复杂得多。

四是关于绿色发展的思路与推进路径。大都基于政府、企业、个人绿色发展实施主体的三维视角，政府需采取加强绿色发展顶层设计，建立健全绿色发展法律法规体系，强化绿色发展规划引领作用，发挥绿色税收杠杠调节作用，发展壮大绿色新兴产业等措施；企业需采取加强绿色技术开发和运用，提高资源利用效率，降低污染排放等措施；个人需培养绿色生活方式，强化节约资源、保护环境、理性消费的绿色发展意识（Mathews，2012；Li，2014；李雪娇等，2016；张乾元等，2017；邬晓霞等，2017）。

本报告的出发点是研究长江中游城市群绿色发展水平，主要集中于第二个层面和第四个层面的研究，由于学术界尚未有学者就长江中游城市群绿色发展进展做深入系统研究，所以本报告具有一定的科学价值和现实意义，有利于全面把握长江中游城市群绿色发展脉络，厘清长江中游城市群绿色发展的薄弱地区与改进方向，加快长江中游城市群乃至整个长江经济带绿色发展进程。

（2）绿色发展评价指标体系构建。评价长江中游城市群绿色发展水平，必须构建一套科学健全的绿色发展评价指标体系，以充分反映长江中游城市群绿色发展进展，特别是资源节约状况、环境保护强度、经济增长质量和居民生活福利等绿色发展内涵的核心内容。学术界既有的绿色发展研究成果和政府的绿色发展顶层设计为本报告提供了重要经验和启迪（见表2）。向书坚等（2013）基于绿色生产指数、绿色消费指数和绿色健康指数三个维度筛选77个指标构建中国绿色经济发展指数评价指标体系。曾贤刚等（2014）基于经济转型有效性、资源利用绿色度、进步和福祉实现度三个维度选取32个指标构建我国30个省（区、市）的绿色经济评价指标体系。[①] 于成学等（2015）基于资源环境、自然资源、环境政策与投资三个维度选取49个指标构建辽宁省绿色发展水平评价指标体系。张欢等（2016）基于绿色美丽家园、绿色生产消费、绿色高端发展三个维度选取24个指标构建湖北省地级及以上城市、自治州绿色发展评价指标体系。

表2　学术界及国家关于绿色发展评价指标体系的代表性研究成果

作者	研究单元	一级指标	指标数
向书坚等（2013）	全国	绿色生产指数、绿色消费指数、生态健康指数	77
曾贤刚等（2014）	30个省（区、市）	经济转型有效性、资源利用绿色度、进步和福祉实现度	32
于成学等（2015）	辽宁省	资源环境、自然资源、环境政策与投资	49
张欢等（2016）	湖北省13个地级及以上城市、自治州	绿色美丽家园、绿色生产消费、绿色高端发展	24
北京师范大学经济与资源管理研究院等（2016）	30个省（区、市）与110个环境监测重点城市	经济增长绿化度、资源环境承载潜力、政府政策支持度	62、45
国家发改委等（2016）	31个省（区、市）	资源利用、环境治理、环境质量、生态保护、增长质量、绿色生活、公众满意度	56

资料来源：根据相关文献整理编制。

---

① 由于数据等原因，不含西藏自治区、香港特别行政区、澳门特别行政区和台湾省。

　　除学者外，诸多权威研究机构也对绿色发展评价指标体系进行有益探索，最为著名的当属北京师范大学经济与资源管理研究院等三家研究机构自 2010 年以来连续发布的 7 部《中国绿色发展指数报告》，经过不断完善，三家研究机构（2016）在最新版的《2016 中国绿色发展指数报告——区域比较》中基于经济增长绿化度、资源环境承载潜力和政府政策支持度三个维度选取 62 个与 45 个指标分别构建 30 个省（区、市）和 110 个环保部公布的环境监测重点城市的省级和城市绿色发展指数评价指标体系。国家为全面把握生态文明建设进展，也出台系列绿色规划和考核指标体系，其中涵盖内容最全面、权威性最高的要数国家发改委等四部门（2016）为落实中央《生态文明建设目标评价考核办法》所制定的 31 个省（区、市）绿色发展指标体系，包含资源利用、环境治理、环境质量、生态保护、增长质量、绿色生活、公众满意度七大层面 56 个指标。① 本报告根据绿色发展的基本内涵，参考借鉴学术界已有研究成果和国家绿色发展顶层设计，遵循指标体系的科学性、全面性、代表性、实用性和可操作性等原则，从资源利用、环境治理、增长质量、绿色生活四个维度选取 28 个指标构建长江中游城市群绿色发展评价指标体系（见表 3）。

表 3　长江中游城市群绿色发展评价指标体系

目标层	准则层	指标层	属性	量纲	权重
绿色发展指数	资源利用	用水普及率（A1）	正向	%	0.00185
		燃气普及率（A2）	正向	%	0.00367
		一般工业固体废弃物综合利用率（A3）	正向	%	0.00584
		单位 GDP 建设用地面积（A4）	负向	hm^2/亿元	0.00414
		单位 GDP 工业废水排放量（A5）	负向	万 t/亿元	0.00187
		单位 GDP 工业二氧化硫排放量（A6）	负向	t/亿元	0.00309
		单位 GDP 工业烟（粉）尘排放量（A7）	负向	t/亿元	0.00063

---

① 由于"公众满意度"主观性较高，不参与计算，实际绿色发展指标体系只包括前六大层面的 55 个指标，"公众对生态环境质量满意程度"指标数值由国家统计局另行抽样调查获取，纳入对省级政府五年一次的生态文明建设考核目标体系。且由于数据等原因，不含港澳台地区。

续表

目标层	准则层	指标层	属性	量纲	权重
绿色发展指数	环境治理	污水集中处理率（B1）	正向	%	0.01403
		建成区排水管道密度（B2）	正向	km/km²	0.06586
		生活垃圾无害化处理率（B3）	正向	%	0.00572
		单位GDP工业烟（粉）尘去除量（B4）	正向	t/亿元	0.05205
		每万人拥有市容环卫专用车辆设备总量（B5）	正向	台/万人	0.09024
		人均道路清扫保洁面积（B6）	正向	m²/人	0.05442
		人均城市建设维护资金支出（B7）	正向	元/人	0.07789
	增长质量	人口密度（C1）	正向	人/km²	0.04358
		经济密度（C2）	正向	万元/km²	0.07385
		人均GDP（C3）	正向	元/人	0.04108
		人均固定资产投资额（C4）	正向	元/人	0.05137
		规模以上工业企业平均利润（C5）	正向	万元/个	0.04881
		科学技术和教育支出占公共财政支出比重（C6）	正向	%	0.01120
		人均利用外资（C7）	正向	元/人	0.06224
	绿色生活	建成区绿化覆盖率（D1）	正向	%	0.00805
		人均绿化覆盖面积（D2）	正向	m²/人	0.03646
		人均道路面积（D3）	正向	m²/人	0.01134
		每万人在校大学生数（D4）	正向	个/万人	0.09904
		每万人拥有公厕数（D5）	正向	座/万人	0.04654
		每千人拥有医院、卫生院床位数（D6）	正向	张/千人	0.02903
		每百人公共图书馆藏书（D7）	正向	册/百人	0.05608

注：考虑到我国经济发展已步入新常态阶段，经济发展方式已由传统的规模速度型粗放扩张向质量效益型集约增长转变，同时兼顾长江中游城市群内部城市人口数量、经济总量、土地空间差异显著，为符合时代变化要求及科学准确评价各城市绿色发展水平，课题组认为采用相对指标可能比绝对总量指标更适宜于绿色发展评价，因此本报告选用的评价长江中游城市群绿色发展水平的指标均为相对指标，量纲均为百分比或者复合单位。"正向"和"负向"表示对应指标的属性，"正向"代表对应指标数值越大，则绿色发展水平越高；"负向"代表对应指标数值越大，则绿色发展水平越低。

（3）绿色发展指标权重确定。构建绿色发展评价指标体系后，仍需确定各指标对应权重，以准确测算各层次及整体绿色发展的具体水平。确定权重的方法大体有三类：第一类是主观赋权法，研究者或专家根据经验判定各指标的相对重要性，主要有层次分析法和德尔菲法。第二类是客观赋权法，不事先判定指标的相对重要性，而是根据指标数值的关联度与波动特征由指标自身确定权重，主要有主成分分析法、熵值法、变异系数法。第三类则是主观与客观相结合的组合赋权法。在指标确定和搜集数据过程中，课题组认为每个指标都有其重要的绿色支撑作用，无法主观臆断某一指标在绿色发展中所发挥的作用大小，因此课题组决定选用对数据挖掘利用最充分，既可反映总体绿色发展水平，又可反映部分绿色发展水平的熵值法确定指标权重（见表3）。

在信息论中，熵是对不确定性的一种度量，熵值与不确定性成正比，与信息量成反比。熵值越大，不确定性就越大，信息量就越少；熵值越小，不确定性就越小，信息量越多（见表4）。根据熵的特性，可以通过计算熵值来判断一个方案的随机性及无序程度，也可以用熵值来判断某个指标的离散程度，指标的离散程度越大，该指标对综合评价的影响越大。因此，可根据各项指标的变异程度，利用信息熵这个工具，计算出各个指标的权重，为多指标综合评价提供依据。为保证不同年度绿色发展水平的可比性，各指标在所有年度的权重应相等，因此本报告将11年28市指标数据合并建立统一的指标数据矩阵，而非每年构建一个数据矩阵，每年指标权重都不相同，使得不同年份的绿色发展水平无法比较，甚至会出现评价结果与实际情况不符的现象。确定权重具体过程如下。

表4 熵值与权重对应关系

熵大	不确定性大	信息少	效用值小	权重小
熵小	不确定性小	信息多	效用值多	权重大

第一，无量纲正向化处理①：

正向指标：

---

① 由于熵值法求取权重需对标准化后指标值取对数，故整体将正向化标准化指标值向上平移0.001个单位。

$$X'_{ijt} = \frac{X_{ijt} - \min\{X_j\}}{\max\{X_j\} - \min\{X_j\}}(i = 1, 2, \cdots, 28; j = 1, 2, \cdots, 28; t = 1, 2, \cdots, 11)$$

负向指标：

$$X'_{ijt} = \frac{\max\{X_j\} - X_{ijt}}{\max\{X_j\} - \min\{X_j\}}(i = 1, 2, \cdots, 28; j = 1, 2, \cdots, 28; t = 1, 2, \cdots, 11)$$

$$X'^{+}_{ijt} = X'_{ijt} + 0.001 \tag{1}$$

第二，计算第 i 个城市的第 j 项指标在第 t 年份标准值的比重：

$$Y_{ijt} = \frac{X'^{+}_{ijt}}{\sum_{t=1}^{11} \sum_{i=1}^{28} X'^{+}_{ijt}}(i = 1, 2, \cdots, 28; j = 1, 2, \cdots, 28; t = 1, 2, \cdots, 11) \tag{2}$$

第三，计算第 j 项指标的信息熵值：

$$e_j = -1/\ln(11 \times 28) \times \sum_{t=1}^{11} \sum_{i=1}^{28} Y_{ijt} \times \ln Y_{ijt}(j = 1, 2, \cdots, 28) \tag{3}$$

第四，计算第 j 项指标的信息效用值：

$$d_j = 1 - e_j(j = 1, 2, \cdots, 28) \tag{4}$$

第五，计算第 j 项指标的权重：

$$W_j = d_j / \sum_{j=1}^{28} d_j(j = 1, 2, \cdots, 28) \tag{5}$$

第六，计算第 i 个城市的第 j 项指标在第 t 年份的绿色发展水平：

$$S_{ijt} = W_{ijt} \times X'_{ijt}(i = 1, 2, \cdots, 28; j = 1, 2, \cdots, 28; t = 1, 2, \cdots, 11) \tag{6}$$

第七，计算第 i 个城市在第 t 年份的综合绿色发展水平：

$$S_{it} = \sum_{j=1}^{28} W_j \times X'_{ijt}(i = 1, 2, \cdots, 28; t = 1, 2, \cdots, 11) \tag{7}$$

（4）数据来源。本报告对长江中游城市群的划分依据《长江中游城市群发展规划（2015—2020）》，但由于湖北省天门、仙桃、潜江 3 个城市属省直管市，数据匮乏，无法评价其绿色发展水平，同时县域绿色发展数据贫乏，无法剥离江西省抚州市和吉安市其余区县数据。参考借鉴李琳等（2016）、李梦琦等（2016）、周晓艳等（2016）、郭进等（2016）、张建清等（2016）的做法，最终选取湖北省武汉市、黄石市、鄂州市、黄冈市、孝感市、咸宁市、仙桃市、潜江市、襄阳市、宜昌市，湖南省长沙市、株洲市、湘潭市、岳阳市、益阳市、常德市、衡阳市、娄底市，江西省南昌市、九江市、景德镇市、鹰潭市、新余市、宜春市、萍乡市、上饶市、抚州市、吉安市28个地级及以上城市全域作为长江中游城市群绿色发展水平的基本测度单元。

以国家提出建设"两型"社会的2005年为研究起点，选取2005—2015年为本报告的研究时段。各项指标基础数据来自《中国统计年鉴》（2006—2016）、《中国贸易外经统计年鉴》（2006—2016）、《湖北统计年鉴》（2006—2016）、《湖南统计年鉴》（2006—2016）、《江西统计年鉴》（2006—2016）、《中国城市统计年鉴》（2006—2016）、《中国城市建设统计年鉴》（2005—2016）。涉及市场价值的指标均采用以2005年为基期的各省市定基物价指数平减后的实际值。

2. 绿色发展绩效评估结果

（1）绿色发展水平评价。分析表5可知：第一，长江中游城市群绿色发展水平整体呈平稳较快上升态势，由2005年的0.107上升至2015年的0.244，绿色发展水平增长率高达128.0%。下文将看到长江中游城市群各城市在资源利用、环境治理、增长质量和绿色生活方面均有显著改进，共同促成绿色发展的长期向好趋势。

表5　2005—2015年长江中游城市群绿色发展水平

地区	2005年	2006年	2007年	2008年	2009年	2010年	2011年	2012年	2013年	2014年	2015年
武汉市	0.316	0.289	0.343	0.365	0.368	0.391	0.422	0.533	0.539	0.602	0.652
黄石市	0.136	0.151	0.151	0.159	0.173	0.202	0.212	0.221	0.249	0.257	0.250
鄂州市	0.144	0.164	0.174	0.206	0.208	0.258	0.278	0.296	0.316	0.341	0.338
孝感市	0.078	0.088	0.090	0.096	0.106	0.106	0.121	0.129	0.142	0.137	0.200
黄冈市	0.057	0.063	0.075	0.080	0.079	0.086	0.091	0.098	0.113	0.123	0.130
咸宁市	0.060	0.063	0.070	0.090	0.101	0.130	0.144	0.161	0.171	0.159	0.177
武汉城市圈	**0.132**	**0.136**	**0.151**	**0.166**	**0.173**	**0.196**	**0.212**	**0.240**	**0.255**	**0.270**	**0.291**

续表

地区	2005年	2006年	2007年	2008年	2009年	2010年	2011年	2012年	2013年	2014年	2015年
宜昌市	0.107	0.102	0.128	0.133	0.140	0.147	0.197	0.217	0.222	0.294	0.274
荆州市	0.072	0.081	0.086	0.095	0.100	0.109	0.120	0.133	0.137	0.137	0.148
荆门市	0.083	0.083	0.103	0.111	0.119	0.122	0.147	0.171	0.179	0.181	0.202
襄阳市	0.077	0.089	0.090	0.100	0.106	0.118	0.151	0.184	0.204	0.223	0.276
宜荆荆襄城市群	**0.085**	**0.089**	**0.102**	**0.110**	**0.117**	**0.124**	**0.154**	**0.176**	**0.186**	**0.209**	**0.225**
长沙市	0.231	0.230	0.257	0.282	0.311	0.323	0.356	0.382	0.403	0.419	0.456
株洲市	0.119	0.126	0.134	0.142	0.164	0.182	0.211	0.213	0.211	0.213	0.232
湘潭市	0.131	0.156	0.170	0.188	0.181	0.205	0.228	0.279	0.323	0.292	0.318
衡阳市	0.065	0.074	0.085	0.095	0.107	0.124	0.136	0.154	0.162	0.151	0.177
岳阳市	0.084	0.082	0.092	0.097	0.103	0.117	0.123	0.143	0.145	0.157	0.164
常德市	0.059	0.077	0.089	0.095	0.114	0.109	0.131	0.150	0.161	0.183	0.175
益阳市	0.070	0.068	0.068	0.079	0.088	0.103	0.130	0.134	0.136	0.140	0.141
娄底市	0.085	0.087	0.092	0.096	0.095	0.105	0.117	0.136	0.172	0.154	0.161
环长株潭城市群	**0.105**	**0.113**	**0.123**	**0.134**	**0.145**	**0.159**	**0.179**	**0.199**	**0.214**	**0.214**	**0.228**
南昌市	0.236	0.250	0.260	0.269	0.305	0.308	0.385	0.394	0.368	0.430	0.445
景德镇	0.086	0.100	0.137	0.148	0.176	0.209	0.220	0.194	0.205	0.202	0.209
萍乡市	0.110	0.125	0.131	0.138	0.152	0.169	0.234	0.217	0.226	0.232	0.240
九江市	0.094	0.102	0.113	0.115	0.136	0.181	0.227	0.190	0.209	0.221	0.229
新余市	0.139	0.171	0.210	0.234	0.241	0.299	0.439	0.379	0.350	0.354	0.350
鹰潭市	0.133	0.156	0.152	0.174	0.151	0.167	0.282	0.216	0.196	0.206	0.213
吉安市	0.047	0.057	0.069	0.089	0.098	0.115	0.178	0.139	0.146	0.153	0.159
宜春市	0.074	0.081	0.096	0.099	0.108	0.127	0.211	0.155	0.172	0.178	0.171
抚州市	0.044	0.054	0.069	0.075	0.109	0.117	0.179	0.137	0.131	0.137	0.162
上饶市	0.063	0.065	0.071	0.121	0.091	0.115	0.197	0.160	0.149	0.180	0.187
环鄱阳湖城市群	**0.103**	**0.116**	**0.131**	**0.146**	**0.157**	**0.181**	**0.255**	**0.218**	**0.215**	**0.229**	**0.237**
长江中游城市群	**0.107**	**0.115**	**0.129**	**0.142**	**0.151**	**0.169**	**0.210**	**0.211**	**0.219**	**0.231**	**0.244**

注：武汉城市圈、宜荆荆襄城市群、环长株潭城市群、环鄱阳湖城市群、长江中游城市群绿色发展水平为内部全体城市绿色发展水平的算术平均值。

　　第二，长江中游城市群内部四大子城市群绿色发展水平差距整体较小，但发展格局差异显著。武汉城市圈的绿色发展水平长期居于首位，宜荆荆襄城市群整体缺乏特大城市发挥绿色引领作用，虽然绿色发展相对均衡，但缺乏绿色扩张能力，绿色发展水平不及环长株潭城市群和环鄱阳湖城市群。但由于环长株潭城市群产业结构重化工化趋势较环鄱阳湖城市群严重得多，对产业非期望产出的治理力度和居民的绿色生活水平不及后者，使得环鄱阳湖城市群依托环鄱阳湖生态经济区的生态优势，超越环长株潭城市群，绿色发展水平仅次于武汉城市圈。

　　第三，长江中游城市群内部城市间绿色发展水平差异显著，呈现较强的绿色集聚效应，中心城市绿色发展水平远高于周边外围城市，在经济相对较发达的武汉城市圈和环长株潭城市群表现得最为明显。2015年三大中心城市武汉、长沙、南昌绿色发展水平已达 0.652、0.456、0.445，绿色发展速度与发展水平遥遥领先于其他城市。湘鄂赣三省重点发展的区域性中心城市也发展迅猛，如湖北省"一主两副"的"两副"城市宜昌、襄阳和武汉城市圈副中心城市黄石，湖南省的核心城市群"长株潭"的株洲与湘潭，江西省长期推进的"昌九一体化"的主体城市九江，绿色发展红利主要被中心城市和副中心城市分享。

　　第四，长江中游城市群规模较小、人口较少的新兴城市比规模较大、人口较多的边缘农业城市更易依托并融入周边中心城市实现绿色发展，小规模城市承受的人口负担较小，投入到每位居民的绿色发展资源较传统农业大市要可观得多，紧邻武汉市的鄂州市、紧邻"长株潭"的萍乡市与新余市等小城市均凭借自身的人口规模、区位条件、经济基础分享了较多的绿色发展红利，绿色发展水平居于内部子城市群前列。2015年鄂州市绿色发展水平高达 0.338，居武汉城市圈第二位；萍乡市与新余市绿色发展水平分别为 0.240 和 0.350，分居环鄱阳湖城市群第三位和第二位。

　　第五，尽管各城市的绿色发展水平均呈现平稳上升态势，但由于中心城市或区域性中心城市绿色发展速度显著高于其他城市，对周边广阔腹地绿色发展带动稍显不足，使得长江中游城市群内部绿色发展差距日益扩大，绿色发展不平衡现象加剧，长江中游城市群绿色发展将维持并强化二元"中心－外围"组团空间分布结构。长江中游城市群内部城市间的绿色发展极差已由 2005 年的 0.272（武汉市→抚州市）扩张至 2015年的 0.522（武汉市→黄冈市），长江中游城市群绿色发展由低水平相对均衡阶段进入较高水平的非均衡阶段，当前这种非均衡绿色发展模式符合长江中游城市群所处的工业化中期资源禀赋流动特点，但从长远看，地区间绿色发展不平衡将会严重制约长江中游城市群绿色发展的深度一体化进程。

（2）资源利用水平评价。分析表 6 可知：第一，长江中游城市群资源利用水平整体呈低速平稳上升态势，资源利用效率保持不断提升状态，由 2005 年的 0.014 缓缓上升至 2015 年的 0.018，增长 28.6%，远低于绿色发展水平增速。可以看到自 2011 年以来，长江中游城市群资源利用水平大体保持不变，增长几乎为零。长江中游城市群资源利用水平可能已达到现有生产技术条件下的临界水平，短期内难以再有飞速提升空间，无法成为提升长江中游城市群绿色发展水平的主要动力，仅对绿色发展起到稳定保持作用。

表 6　2005—2015 年长江中游城市群资源利用水平

地区	2005年	2006年	2007年	2008年	2009年	2010年	2011年	2012年	2013年	2014年	2015年
武汉市	0.018	0.016	0.017	0.018	0.018	0.018	0.018	0.019	0.019	0.019	0.019
黄石市	0.013	0.013	0.014	0.014	0.015	0.016	0.018	0.018	0.019	0.018	0.019
鄂州市	0.012	0.012	0.014	0.016	0.017	0.017	0.017	0.018	0.018	0.018	0.018
孝感市	0.016	0.016	0.018	0.018	0.019	0.019	0.018	0.019	0.018	0.017	0.018
黄冈市	0.018	0.017	0.019	0.019	0.019	0.018	0.019	0.019	0.019	0.019	0.019
咸宁市	0.015	0.014	0.017	0.018	0.018	0.017	0.018	0.019	0.016	0.019	0.016
武汉城市圈	**0.015**	**0.015**	**0.016**	**0.017**	**0.018**	**0.018**	**0.018**	**0.018**	**0.018**	**0.018**	**0.018**
宜昌市	0.015	0.012	0.015	0.015	0.015	0.015	0.015	0.015	0.016	0.017	0.015
荆州市	0.012	0.014	0.017	0.018	0.018	0.018	0.019	0.015	0.016	0.015	0.015
荆门市	0.016	0.016	0.018	0.018	0.019	0.019	0.018	0.019	0.019	0.019	0.019
襄阳市	0.016	0.016	0.017	0.018	0.019	0.019	0.019	0.019	0.020	0.020	0.019

地区	2005年	2006年	2007年	2008年	2009年	2010年	2011年	2012年	2013年	2014年	2015年
宜荆荆襄城市群	**0.015**	**0.014**	**0.017**	**0.017**	**0.017**	**0.018**	**0.018**	**0.018**	**0.018**	**0.018**	**0.017**
长沙市	0.018	0.018	0.019	0.018	0.019	0.020	0.020	0.019	0.019	0.019	0.019
株洲市	0.013	0.014	0.015	0.016	0.017	0.018	0.017	0.019	0.019	0.019	0.018
湘潭市	0.013	0.014	0.015	0.016	0.017	0.018	0.018	0.019	0.019	0.019	0.019
衡阳市	0.012	0.014	0.016	0.017	0.017	0.017	0.019	0.019	0.019	0.019	0.019
岳阳市	0.015	0.015	0.016	0.017	0.017	0.019	0.019	0.019	0.019	0.019	0.019
常德市	0.013	0.016	0.017	0.018	0.019	0.019	0.019	0.019	0.019	0.020	0.019
益阳市	0.012	0.013	0.010	0.012	0.015	0.017	0.016	0.018	0.017	0.017	0.018
娄底市	0.013	0.013	0.015	0.016	0.017	0.018	0.016	0.019	0.019	0.019	0.019
环长株潭城市群	**0.014**	**0.015**	**0.015**	**0.016**	**0.017**	**0.018**	**0.018**	**0.019**	**0.019**	**0.019**	**0.019**
南昌市	0.017	0.017	0.018	0.019	0.018	0.018	0.019	0.019	0.019	0.019	0.019
景德镇	0.013	0.011	0.013	0.014	0.016	0.017	0.018	0.018	0.018	0.018	0.018
萍乡市	0.014	0.014	0.016	0.017	0.017	0.018	0.018	0.018	0.018	0.018	0.019
九江市	0.013	0.013	0.014	0.015	0.016	0.016	0.016	0.016	0.016	0.017	0.017
新余市	0.011	0.012	0.014	0.015	0.016	0.018	0.018	0.018	0.018	0.018	0.018
鹰潭市	0.007	0.009	0.012	0.014	0.015	0.015	0.018	0.018	0.018	0.018	0.018
吉安市	0.009	0.013	0.013	0.014	0.018	0.018	0.019	0.019	0.019	0.019	0.019
宜春市	0.014	0.016	0.016	0.017	0.018	0.018	0.018	0.018	0.018	0.018	0.018
抚州市	0.012	0.014	0.014	0.015	0.016	0.018	0.018	0.019	0.019	0.019	0.018
上饶市	0.018	0.018	0.018	0.018	0.013	0.013	0.014	0.014	0.014	0.015	0.014
环鄱阳湖城市群	**0.013**	**0.014**	**0.015**	**0.016**	**0.016**	**0.017**	**0.018**	**0.018**	**0.018**	**0.018**	**0.018**
长江中游城市群	**0.014**	**0.014**	**0.016**	**0.017**	**0.017**	**0.017**	**0.018**	**0.018**	**0.018**	**0.018**	**0.018**

注：武汉城市圈、宜荆荆襄城市群、环长株潭城市群、环鄱阳湖城市群、长江中游城市群资源利用水平为内部全体城市资源利用水平的算术平均值。

第二，长江中游城市群内部四大子城市群资源利用水平变化巨大，初始资源利用水平较高、提升空间有限的子城市群逐步被资源利用水平较低、提升潜力较大的子城市群超越。2005年武汉城市圈资源利用水平为 0.015，高居四大子城市群首位，然而由于资源利用程度已处于较为充分水平，不愿投入过多的要素用于提升资源利用效率，使得资源利用水平提升速度缓慢，至 2015 年资源利用水平仅增长至 0.018，跌落至第二位（实际上尽管跌落至第二位，相对而言，武汉城市圈资源利用水平依然较高）。宜荆荆襄城市群尽管经济基础条件较好，特别是得力于宜昌、襄阳两市的前期拉动作用，但由于缺乏特大中心城市的持续强劲辐射带动，资源利用水平增速最为缓慢，退居四大子城市群末位。初始资源利用水平较低的环长株潭城市群和环鄱阳湖城市群推广应用资源节约型新生产技术的成本较武汉城市圈低，在"两型"社会和生态经济区建设的推动下，大幅推广应用先进生产技术，提高水、土地、能源、矿产资源利用效率，资源利用水平由 2005 年的 0.014、0.013 迅速提升至2015 年的 0.019、0.018，增长幅度分别为 35.7% 和 38.5%，远高于平均增长速度。

第三，长江中游城市群内部城市资源利用水平未有明显扩大趋势，而是呈现明显的收敛特征，各城市间资源利用水平逐渐趋同。长江中游城市群间的资源利用水平最大差距由 2005 年的 0.011（黄冈市→鹰潭市）缩小至 2015 年的 0.005（黄冈市→上饶市），呈逐步缩小态势。资源利用初始水平较高城市的提升速度远低于初始水平较低城市，收敛趋势极为明显，如 2005 年黄冈市资源利用水平高达 0.018，至 2015 年不过上升至 0.019，增长率仅为 5.6%；而 2005 年鹰潭市资源利用水平为0.007，资源使用效率极为低下，但至 2015 年已快速蹿升至 0.018，增长率高达 157.1%，远高于长江中游城市群绿色发展水平增速。

第四，长江中游城市群中心城市与区域性中心城市并未对周边城市形成绝对的资源利用优势，中心城市的先进生产技术可较快地扩散至周边腹地城市，使周边资源利用效率较低的城市能在短时间内消化吸收中心城市先进生产技术正外溢，迅速实现资源利用水平趋同，资源利用水平的空间格局呈现多中心均衡化稳定态势。受益于武汉、"长株潭"、南昌等中心城市与核心城市群的技术扩散效应，吉安、常德、衡阳、娄底、荆门等相对边缘城市实现了由资源利用中低水平区向中高水平区的飞跃。

可以说资源利用效率的均衡化是长江中游城市群绿色发展一体化成效最
为显著的部分。

（3）环境治理水平评价。分析表 7 可知：第一，长江中游城市群整
体环境治理水平呈平稳较快增长态势，环境治理力度不断加大，由 2005
年的 0.036 上升至 2015 年的 0.067，增长 86.1%，仍低于绿色发展水平
增速。由于环境治理需要治理主体大量的资金、人力与技术投入，治理
过程较消化吸收先进技术、提升资源利用效率要复杂得多，需要以雄厚
的经济基础和坚定的生态文明建设指导思想为前提，所以环境治理过程
可能会由于自身条件与外部环境而发生变化，如 2012 年环境治理水平较
2011 年水平出现了大幅度倒退。

表 7　2005—2015 年长江中游城市群环境治理水平

地区	2005 年	2006 年	2007 年	2008 年	2009 年	2010 年	2011 年	2012 年	2013 年	2014 年	2015 年
武汉市	0.091	0.050	0.081	0.078	0.074	0.073	0.077	0.085	0.154	0.187	0.212
黄石市	0.041	0.046	0.038	0.044	0.047	0.065	0.061	0.059	0.072	0.072	0.075
鄂州市	0.047	0.046	0.047	0.055	0.053	0.090	0.091	0.089	0.092	0.100	0.089
孝感市	0.022	0.026	0.023	0.023	0.028	0.027	0.029	0.032	0.036	0.032	0.081
黄冈市	0.009	0.012	0.020	0.020	0.016	0.017	0.017	0.017	0.024	0.029	0.027
咸宁市	0.020	0.018	0.016	0.031	0.032	0.044	0.039	0.038	0.042	0.039	0.038
武汉城市圈	**0.038**	**0.033**	**0.037**	**0.042**	**0.042**	**0.053**	**0.052**	**0.053**	**0.070**	**0.076**	**0.087**
宜昌市	0.034	0.024	0.036	0.039	0.041	0.041	0.071	0.069	0.054	0.115	0.088
荆州市	0.017	0.014	0.014	0.016	0.018	0.023	0.030	0.033	0.033	0.035	0.035
荆门市	0.024	0.024	0.037	0.043	0.043	0.042	0.050	0.063	0.060	0.059	0.067
襄阳市	0.025	0.030	0.027	0.027	0.029	0.029	0.034	0.042	0.054	0.063	0.116
宜荆荆襄城市群	**0.025**	**0.023**	**0.028**	**0.031**	**0.033**	**0.034**	**0.046**	**0.052**	**0.050**	**0.068**	**0.077**
长沙市	0.071	0.047	0.048	0.055	0.059	0.060	0.065	0.070	0.070	0.073	0.088
株洲市	0.044	0.043	0.046	0.044	0.052	0.062	0.070	0.066	0.054	0.045	0.051
湘潭市	0.037	0.041	0.040	0.048	0.039	0.041	0.044	0.084	0.108	0.068	0.074
衡阳市	0.015	0.019	0.020	0.019	0.023	0.027	0.027	0.040	0.042	0.034	0.035
岳阳市	0.031	0.027	0.028	0.027	0.028	0.032	0.032	0.040	0.037	0.040	0.043

地区	2005年	2006年	2007年	2008年	2009年	2010年	2011年	2012年	2013年	2014年	2015年
常德市	0.015	0.023	0.024	0.024	0.038	0.023	0.032	0.039	0.043	0.045	0.045
益阳市	0.031	0.025	0.023	0.027	0.028	0.033	0.053	0.046	0.045	0.044	0.037
娄底市	0.038	0.034	0.033	0.030	0.024	0.027	0.027	0.035	0.062	0.047	0.042
环长株潭城市群	**0.035**	**0.032**	**0.033**	**0.034**	**0.036**	**0.038**	**0.044**	**0.052**	**0.057**	**0.050**	**0.052**
南昌市	0.054	0.041	0.042	0.047	0.052	0.045	0.103	0.088	0.047	0.084	0.098
景德镇	0.019	0.016	0.036	0.039	0.040	0.060	0.084	0.049	0.048	0.039	0.039
萍乡市	0.049	0.052	0.046	0.040	0.041	0.044	0.098	0.061	0.062	0.060	0.061
九江市	0.029	0.030	0.032	0.036	0.040	0.072	0.105	0.056	0.058	0.058	0.055
新余市	0.072	0.077	0.085	0.074	0.073	0.089	0.197	0.144	0.127	0.122	0.111
鹰潭市	0.071	0.067	0.056	0.063	0.061	0.051	0.139	0.068	0.042	0.045	0.050
吉安市	0.020	0.019	0.025	0.031	0.034	0.042	0.092	0.041	0.040	0.040	0.040
宜春市	0.033	0.032	0.039	0.038	0.039	0.053	0.113	0.060	0.064	0.064	0.044
抚州市	0.011	0.012	0.017	0.019	0.039	0.044	0.096	0.054	0.040	0.039	0.059
上饶市	0.023	0.019	0.021	0.067	0.035	0.044	0.114	0.072	0.048	0.075	0.079
环鄱阳湖城市群	**0.038**	**0.037**	**0.040**	**0.045**	**0.046**	**0.054**	**0.114**	**0.069**	**0.058**	**0.063**	**0.064**
长江中游城市群	**0.036**	**0.033**	**0.036**	**0.040**	**0.040**	**0.046**	**0.071**	**0.059**	**0.059**	**0.063**	**0.067**

注：武汉城市圈、宜荆荆襄城市群、环长株潭城市群、环鄱阳湖城市群、长江中游城市群环境治理水平为内部全体城市环境治理水平的算术平均值。

第二，四大子城市群环境治理水平差距较大，武汉城市圈、宜荆荆襄城市群对环境的治理力度较环长株潭城市群、环鄱阳湖城市群大得多，经济欠发达的子城市群更偏向于低成本地接受生产技术正外溢。武汉城市圈环境治理水平得益于武汉市的强力拉动作用，由 2005 年的 0.038 升至 2015 年的 0.087，增长 128.9%，环境治理水平长期居四大城市群之首。宜荆荆襄城市群环境治理水平由 2005 年的 0.025 升至 2015 年的 0.077，增长 208.0%，以省域副中心城市襄阳和荆州最为典型，提升速度居四大城市群之首，环境治理水平排名由初始的末位上升至第二位，仅次于武汉城市圈。环长株潭城市群与环鄱阳湖城市群环境治理力度相对较弱，环境治理水平分别由 2005 年的 0.035、0.038 上升至 2015 年的 0.052、0.064，增长率分别为 48.6%、68.4%，均低于长江中游城市群平均增长速度，特别是环长株潭城市群环境治理强度较其经济发展速度还远远不够。

第三，长江中游城市群内部城市间的环境治理水平差距整体未呈扩大趋势，但个别中心城市环境治理水平急速提升，使得长江中游城市群内部城市环境治理水平的绝对差距急剧拉大。长江中游城市群环境治理差距由 2005 年的 0.082（武汉市→黄冈市）扩大至 2015 年的 0.185（武汉市→黄冈市），然而这种差距的扩大主要由武汉、襄阳、新余等少数中心、次中心城市造成，大部分城市都在一定区间内小幅波动。武汉城市圈较高的环境治理水平主要得益于武汉市的强劲拉动作用，武汉市集聚了武汉城市圈大部分经济发展要素与环境治理资源，其 2014 年城市建设维护资金是另外五市之和的 6.70 倍，所以尽管武汉城市圈环境治理水平较高，但内部环境治理水平相差极大。襄阳市则以其较雄厚的产业基础，加快环境治理工作进度，加大力度打好水、大气、土壤污染防治"三大战役"。新余市则得益于城市的小规模，人口负担小于其他城市，环境治理强度远大于其他城市。

第四，长江中游城市群城市间环境治理中高水平地区由南逐渐向北转移至武汉城市圈和宜荆荆襄城市群核心区，环长株潭城市群和环鄱阳湖城市群逐渐成为环境治理的边缘地区，这种转移趋势与资源利用中心转移趋势恰好相反。整体而言，武汉城市圈和宜荆荆襄城市群环境治理水平保持较快增长态势，逐渐成为中高水平城市主要集聚区，成为"两型"社会的主要建设区；而环长株潭城市群和环鄱阳湖城市群环境治理力度相对较弱，这对于推进"长株潭城市群"全国资源节约型和环境友好型社会建设综合配套改革试验区和"环鄱阳湖生态经济区"建设，发挥其"两型"社会建设引领作用并非一个良好的信号，其面临"两型"社会发展政策空心化和"两型"主题淡化等问题。

（4）增长质量水平评价分析。分析表 8 可知：第一，长江中游城市群增长质量水平呈高速增长态势，增速极为迅猛，由 2005 年的 0.028 上升至 2015 年的 0.098，增长 250%，绝对水平和增长速度位居绿色发展四大建设内容之首。这表明增长质量是长江中游城市群绿色发展最重要的推动力，长江中游城市群对经济发展高度重视，将实现经济平稳较快发展作为工作的重中之重，在总量规模上实现了较大突破，增长质量、增长效益、增长效率均取得了长足发展。除了 GDP 政绩考核的导向约束激励作用，现实的绿色发展需求也要求具有较高的增长质量作为支撑。经济增长作为实现绿色发展的物质基础，必须具备较高的增长质量才能保证绿色发展的长期可持续，不论是研发、引进、消化新的生产技术，还是加强环境治理力度，提升居民绿色生活水平都需要雄厚的物质资本作为基础，绿色发展必须建立在经济增长的前提之下。

表 8　2005—2015 年长江中游城市群增长质量水平

地区	2005年	2006年	2007年	2008年	2009年	2010年	2011年	2012年	2013年	2014年	2015年
武汉市	0.092	0.101	0.118	0.130	0.142	0.158	0.182	0.203	0.224	0.247	0.268
黄石市	0.042	0.047	0.052	0.053	0.055	0.061	0.075	0.085	0.094	0.103	0.089
鄂州市	0.041	0.047	0.055	0.070	0.067	0.076	0.086	0.101	0.113	0.127	0.138
孝感市	0.031	0.030	0.033	0.038	0.038	0.040	0.051	0.055	0.061	0.059	0.070
黄冈市	0.018	0.020	0.021	0.025	0.025	0.029	0.031	0.034	0.039	0.041	0.047
咸宁市	0.012	0.014	0.020	0.022	0.026	0.035	0.042	0.056	0.064	0.052	0.070
武汉城市圈	**0.039**	**0.043**	**0.050**	**0.056**	**0.059**	**0.066**	**0.078**	**0.089**	**0.099**	**0.105**	**0.114**
宜昌市	0.032	0.034	0.043	0.042	0.044	0.049	0.066	0.077	0.089	0.098	0.106
荆州市	0.023	0.023	0.027	0.029	0.030	0.030	0.034	0.040	0.046	0.043	0.055
荆门市	0.014	0.014	0.018	0.021	0.025	0.030	0.045	0.052	0.059	0.060	0.073
襄阳市	0.018	0.020	0.024	0.031	0.030	0.038	0.059	0.078	0.079	0.090	0.089
宜荆荆襄城市群	**0.022**	**0.023**	**0.028**	**0.031**	**0.032**	**0.037**	**0.051**	**0.062**	**0.068**	**0.073**	**0.081**
长沙市	0.054	0.064	0.082	0.097	0.116	0.130	0.153	0.171	0.184	0.201	0.220
株洲市	0.021	0.025	0.031	0.036	0.041	0.051	0.067	0.069	0.078	0.083	0.095
湘潭市	0.033	0.037	0.046	0.050	0.059	0.072	0.078	0.090	0.106	0.109	0.130
衡阳市	0.022	0.023	0.027	0.035	0.035	0.043	0.051	0.054	0.062	0.058	0.077
岳阳市	0.018	0.019	0.026	0.026	0.032	0.039	0.045	0.058	0.062	0.066	0.072

续表

地区	2005年	2006年	2007年	2008年	2009年	2010年	2011年	2012年	2013年	2014年	2015年
常德市	0.020	0.021	0.028	0.030	0.033	0.038	0.050	0.058	0.063	0.079	0.070
益阳市	0.017	0.017	0.021	0.023	0.025	0.030	0.035	0.040	0.044	0.042	0.051
娄底市	0.025	0.025	0.022	0.029	0.032	0.036	0.045	0.054	0.061	0.054	0.064
环长株潭城市群	**0.026**	**0.029**	**0.035**	**0.041**	**0.047**	**0.055**	**0.066**	**0.074**	**0.082**	**0.086**	**0.097**
南昌市	0.062	0.068	0.080	0.089	0.104	0.121	0.137	0.153	0.169	0.185	0.185
景德镇	0.019	0.020	0.025	0.031	0.036	0.046	0.048	0.058	0.066	0.069	0.075
萍乡市	0.029	0.030	0.037	0.046	0.054	0.066	0.076	0.091	0.099	0.106	0.112
九江市	0.019	0.021	0.028	0.025	0.035	0.044	0.055	0.067	0.082	0.092	0.100
新余市	0.027	0.036	0.064	0.091	0.102	0.133	0.145	0.133	0.122	0.128	0.130
鹰潭市	0.038	0.064	0.062	0.071	0.053	0.073	0.097	0.101	0.103	0.108	0.106
吉安市	0.012	0.013	0.017	0.022	0.025	0.033	0.041	0.051	0.056	0.062	0.066
宜春市	0.016	0.018	0.023	0.025	0.029	0.033	0.055	0.052	0.060	0.065	0.077
抚州市	0.011	0.012	0.016	0.017	0.020	0.024	0.028	0.032	0.039	0.044	0.049
上饶市	0.017	0.017	0.021	0.021	0.026	0.037	0.046	0.050	0.061	0.065	0.065
环鄱阳湖城市群	**0.025**	**0.030**	**0.037**	**0.044**	**0.048**	**0.061**	**0.073**	**0.079**	**0.086**	**0.092**	**0.097**
长江中游城市群	**0.028**	**0.031**	**0.038**	**0.044**	**0.048**	**0.057**	**0.069**	**0.077**	**0.085**	**0.090**	**0.098**

注：武汉城市圈、宜荆荆襄城市群、环长株潭城市群、环鄱阳湖城市群、长江中游城市群增长质量水平为内部全体城市增长质量水平的算术平均值。

第二，长江中游城市群四大子城市群增长质量水平同样呈现高速增长态势，且增长速度与初始经济基础呈负相关关系，受中心城市带动作用较大。武汉城市圈增长质量水平由2005年的0.039稳步上升至2015年的0.114，得益于中心城市武汉市的强力拉动作用，成为增长质量唯一突破0.1的城市群，始终稳居四大子城市群首位。宜荆荆襄城市群缺乏中心城市带动，次中心城市宜昌、襄阳尚不足以拉动子城市群增长质量实现跨越式增长，尽管增长质量绝对水平有较大幅度提升，高达268.2%，但相对地位却未有改观，增长质量水平由2005年的0.022上升至2015年的0.081，相对排名始终居于末位。环长株潭城市群增长质量水平由 2005 年的 0.026 上升至 2015 年的 0.097，增长幅度高达 273.1%，这种高速增长主要源自"长株潭"核心城市群的带动作用，环长株潭城市群增长质量水平内部协同度相对较差，增长质量水平仅高于宜荆荆襄城市群。环鄱阳湖城市群增长质量水平由 2005 年的 0.025 上升至 2015 年的 0.097，增幅高达 288.0%，速度居四大子城市群之首，尽管初始经济基础相对薄弱，但增长质量水平最终上升至四大子城市群第二位。

第三，长江中游城市群内部城市间增长质量水平差距日益扩大。中心城市与次中心城市无论是增长质量绝对水平还是相对增长速度方面均显著高于边缘城市，长江中游城市群经济发展仍处于集聚发展阶段，中心城市的高速经济增长是以吸取周边城市优质生产要素为前提，对周边城市的正向溢出效应较小。长江中游城市群内部城市间的增长质量差距由 2005 年的 0.081（武汉市→抚州市）扩大至 2015 年的 0.221（武汉市→黄冈市），而 2015 年中心城市南昌市的增长质量水平也仅为 0.185。

第四，长江中游城市群增长质量空间分布格局由多中心网络化分布向多中心组团集聚分布转变。鄂湘赣三省举全省之力重点打造的中心城市和区域性中心城市增长质量水平均迈入中高水平区域，部分边缘城市增长质量水平则陷入或长期停滞在低水平区域。武汉、长沙、南昌三大中心城市增长质量水平稳居第一梯队，且与其他城市差距越来越大，宜昌、襄阳、黄石、鄂州、株洲、湘潭、九江、新余、萍乡等区域性中心城市增长质量水平提升迅猛，逐步稳定在中高水平区域，而外围城市孝感、黄冈、咸宁、常德、娄底、衡阳、上饶、景德镇、抚州则退化或徘徊在低水平区域。

（5）绿色生活水平评价。分析表 9 可知：第一，长江中游城市群绿色生活水平呈平稳较快增长态势，由 2005 年的 0.030 平稳较快增长至 2015 年的 0.061，增长率高达 103.3%。可以看出，长江中游城市群绿色生活水平增长率低于增长质量水平和绿色发展水平，但高于资源利用水平和环境治理水平，表明经济发展的成果主要是由人民共享，用于提升居民公共服务与社会福利水平，满足居民日益增长、不断升级和个性化的物质文化与生态需求，增加居民绿色生活的幸福感和获得感。

表 9   2005—2015 年长江中游城市群绿色生活水平

地区	2005年	2006年	2007年	2008年	2009年	2010年	2011年	2012年	2013年	2014年	2015年
武汉市	0.115	0.123	0.127	0.139	0.134	0.142	0.145	0.143	0.142	0.149	0.153
黄石市	0.041	0.045	0.047	0.049	0.057	0.060	0.058	0.060	0.065	0.064	0.068
鄂州市	0.044	0.059	0.058	0.065	0.071	0.075	0.083	0.088	0.092	0.097	0.092
孝感市	0.009	0.015	0.016	0.017	0.021	0.020	0.022	0.023	0.027	0.029	0.031
黄冈市	0.011	0.014	0.016	0.016	0.019	0.023	0.024	0.027	0.031	0.035	0.035
咸宁市	0.013	0.017	0.017	0.019	0.024	0.034	0.046	0.051	0.049	0.051	0.052
武汉城市圈	**0.039**	**0.045**	**0.047**	**0.051**	**0.054**	**0.059**	**0.063**	**0.065**	**0.068**	**0.071**	**0.072**
宜昌市	0.026	0.033	0.035	0.037	0.040	0.042	0.045	0.056	0.062	0.064	0.065
荆州市	0.021	0.030	0.028	0.031	0.035	0.038	0.038	0.041	0.043	0.044	0.042
荆门市	0.029	0.029	0.031	0.030	0.033	0.031	0.033	0.036	0.040	0.043	0.042
襄阳市	0.017	0.023	0.023	0.024	0.029	0.033	0.039	0.045	0.052	0.051	0.052
宜荆荆襄城市群	**0.023**	**0.029**	**0.029**	**0.031**	**0.034**	**0.036**	**0.039**	**0.045**	**0.049**	**0.050**	**0.050**
长沙市	0.088	0.101	0.108	0.111	0.117	0.113	0.119	0.122	0.130	0.127	0.129
株洲市	0.041	0.044	0.042	0.045	0.053	0.052	0.057	0.059	0.060	0.065	0.068
湘潭市	0.048	0.063	0.069	0.074	0.067	0.074	0.088	0.088	0.091	0.096	0.095
衡阳市	0.016	0.018	0.022	0.024	0.033	0.036	0.040	0.042	0.040	0.042	0.046
岳阳市	0.020	0.021	0.022	0.026	0.026	0.027	0.026	0.026	0.027	0.032	0.030
常德市	0.011	0.016	0.020	0.022	0.024	0.028	0.030	0.034	0.036	0.040	0.042
益阳市	0.009	0.013	0.015	0.017	0.020	0.024	0.027	0.031	0.030	0.037	0.035
娄底市	0.010	0.015	0.022	0.021	0.022	0.025	0.029	0.029	0.030	0.034	0.037
环长株潭城市群	**0.030**	**0.037**	**0.040**	**0.043**	**0.045**	**0.047**	**0.052**	**0.054**	**0.056**	**0.059**	**0.060**
南昌市	0.102	0.124	0.120	0.115	0.131	0.124	0.127	0.133	0.133	0.141	0.144
景德镇	0.035	0.052	0.062	0.065	0.084	0.086	0.071	0.069	0.073	0.075	0.077
萍乡市	0.018	0.029	0.032	0.035	0.039	0.042	0.042	0.047	0.047	0.048	0.049
九江市	0.034	0.038	0.038	0.039	0.045	0.049	0.051	0.051	0.053	0.055	0.057
新余市	0.029	0.045	0.047	0.053	0.050	0.059	0.078	0.084	0.083	0.085	0.091
鹰潭市	0.017	0.016	0.022	0.026	0.023	0.028	0.027	0.029	0.032	0.034	0.039

续表

地区	2005年	2006年	2007年	2008年	2009年	2010年	2011年	2012年	2013年	2014年	2015年
吉安市	0.006	0.011	0.014	0.019	0.021	0.023	0.026	0.027	0.031	0.033	0.034
宜春市	0.010	0.015	0.018	0.019	0.022	0.023	0.025	0.026	0.029	0.030	0.031
抚州市	0.010	0.016	0.022	0.024	0.033	0.030	0.037	0.031	0.033	0.035	0.036
上饶市	0.006	0.011	0.012	0.014	0.017	0.021	0.023	0.023	0.026	0.026	0.029
环鄱阳湖城市群	**0.027**	**0.036**	**0.039**	**0.041**	**0.047**	**0.048**	**0.051**	**0.052**	**0.054**	**0.056**	**0.059**
长江中游城市群	**0.030**	**0.037**	**0.039**	**0.042**	**0.046**	**0.049**	**0.052**	**0.054**	**0.057**	**0.059**	**0.061**

注：武汉城市圈、宜荆荆襄城市群、环长株潭城市群、环鄱阳湖城市群、长江中游城市群绿色生活水平为内部全体城市绿色生活水平的算术平均值。

第二，长江中游城市群四大子城市群绿色发展水平也呈稳定增长态势，但子城市群间增长差异显著，增长速度与初始水平呈负相关关系，且增速有减缓迹象，逐渐趋于收敛，使子城市群间的绿色生活水平差距保持相对稳定。武汉城市圈绿色生活水平由2005年的0.039上升至2015年的0.072，增长84.6%，绝对水平稳居四大子城市群首位，但增长速度相对平缓。宜荆荆襄城市群绿色生活水平由2005年的0.023上升至2015年的0.050，增长117.4%，与增长质量水平情况类似，缺乏中心城市的强力带动，绿色生活水平始终居于末位，并有停滞不前趋势。环长株潭城市群绿色生活水平由2005年的0.030上升至2015年的0.060，增长100.0%，增速相对较慢，更偏好于通过获取低成本技术外溢实现经济快速增长并将发展成果积累起来用于扩大再生产，但凭借较好的绿色发展基础，绿色生活水平整体仍居于第二位。环鄱阳湖城市群绿色生活水平由2005年的0.027上升至2015年的0.059，增长118.5%，增速居于首位，鄱阳湖绿色生活水平与环长株潭城市群差距逐渐缩小，环长株潭城市群仅能保持微弱不稳定的绿色生活水平优势。

第三，长江中游城市群内部城市间的绿色生活水平差距呈相对稳定状态，经济基础较弱、初始水平较低的城市绿色生活水平提升速度显著高于经济基础较好、初始水平较高的城市，这使得长江中游城市群城市间绿色生活水平差距保持总体稳定，介于 0.1 至 0.12 之间，差距未明显扩大，但也未见缩小。长江中游城市群内部城市绿色生活水平存在绝对差距，但长期维持在一定区间，保持合理而可控的差距对提高生产效率和保持社会公平具有积极作用，可以认为这是一种正常而有效的绿色生活水平差距。三大中心城市绿色生活水平增长率均不超过 50%，而孝感、黄冈、咸宁、襄阳、常德、益阳、娄底、吉安、宜春、抚州、上饶等城市增长率则超过 200%，尽管后者的增长率远高于前者，但绝对绿色生活水平依然显著低于前者。

第四，长江中游城市群城市间绿色生活水平空间分布有明显的向中心城市点状集聚趋势，未能形成完整的良性高水平城市组团。点状集聚趋势表明长江中游城市群城市间绿色生活水平差距呈扩大趋势，绿色公共资源和公共服务主要集中于少数增长极，特别是武汉、长沙、南昌三大中心城市和黄石、鄂州、宜昌、株洲、湘潭、新余等次中心城市，而其他边缘落后城市没有条件推行高水平绿色公共服务，在教育、医疗、文化、绿化等基本公共服务方面与中心城市和次中心城市绿色生活水平差距越来越大，中心城市未能对外围城市产生良好的协同带动作用。

二 长江中游城市群绿色发展存在的主要问题

（一）重化工比重偏高，工业绿色发展压力大

长江中游城市群绿色发展的核心是转变经济发展方式，形成节约能源资源和保护环境的产业结构和增长方式，构建资源节约型与环境友好型社会。2015 年，长江中游城市群三次产业产值之比为 9.63：50.52：39.85，经济增长主要依靠第二产业带动。从产业内部结构来看，钢铁、装备制造、电力、石化等传统工业比重较高，石油加工、炼焦及核燃料加工业，化学原料及化学制品制造业，非金属矿物制品业，黑色金属冶炼及压延加工业，有色金属冶炼及压延加工业，电力、热力的生产和供应业的产值在工业总产值中比重较高。而科技含量高、产品附加值较高的行业发展相对不足。长江中游城市群的产业结构特征决定了长江中游

城市群工业对投资的依赖程度较高，资源与能源消耗较大，以粗放的增长方式发展的"高污染、高耗能、高排放"的产业不利于可持续发展。

武汉城市圈、环长株潭城市群、环鄱阳湖城市群均以重工业为支柱，作为重工业基地，环境污染日益突出，已成为制约长江中游城市群发展的瓶颈，节能减排形势十分严峻。经济新常态的背景下，长江中游城市群亟须转变经济发展方式，推进供给侧结构性改革，促进经济转型升级，推动长江中游城市群绿色发展。然而，长江中游城市群产业重型化趋势改变难度较大，工业绿色发展压力较大。如何在保持工业化高速发展的同时抑制二氧化碳排放的增速，实现绿色增长是长江中游城市群发展所面临的巨大挑战。

（二）农村面源污染形势严峻，农业绿色发展任务重

目前，长江中游城市群农村环境问题日益凸显，农业源污染物排放总量较大。突出表现为畜禽养殖污染物排放量巨大，农业面源污染形势严峻，农村生活污染局部增加，农村工矿污染凸显。农村生活垃圾一般被直接丢弃，从而造成垃圾包围农村，垃圾的丢弃不仅影响村容村貌，更是造成了空气、地表水和地下水的严重污染，成为农村环境最大的污染源之一。长江中游城市群在耕地减少的同时，化肥、农药和塑料使用量急剧上升，面源污染具有分散化、难以集中控制的特点，农村长期缺乏技术和培训指导，农民因怕减产而盲目依赖化肥，过量施用，结果造成土壤肥力下降，环境恶化，陷入恶性循环。农药与化肥一样，均为农业生产的重要生产资料，也是一把双刃剑：杀死害虫的同时也对人类生产环境造成很大的影响，污染大气、水环境，破坏生态景观。

长江中游城市群农业以粗放经营为特征的传统农业为主，农业投入不足，基础设施建设滞后；农产品质量不高，加工值率偏低；市场信息不灵，销售渠道不畅；农业组织化程度低，生产经营规模小。长江中游城市群农业种植产量高，但经济效益偏低，需由"量"向"质"转变，建设国家粮棉油基地。而引导农民改变惯用的耕作习惯、推广新型的农业生产模式，需要大量的人力、财力和物力的投入，农业绿色发展任务重。农业绿色发展要求走出一条具有特色的可持续农业发展道路，不能以牺牲环境为代价。

（三） 绿色科技创新体系亟待完善，绿色发展的科技推动力不足

推进绿色发展需要完善技术创新体系的支撑，但目前长江中游城市群技术创新和应用存在诸多问题。长江中游城市群以企业为主体、市场为导向、产学研结合的技术创新体系亟待完善。

长江中游城市群市场化程度偏低，使科研供给与市场需求的联动机制弱化，强大的科技实力和科研潜力难以有效地转化为生产力。长江中游城市群高技术产业的发展与其科教资源优势不匹配，丰富的科教资源和人力资本没有充分利用，科技创新的潜力尚待进一步发掘。科技成果转化能力不足，浪费了大量的研发投入和人力投入，成为制约长江中游城市群高技术产业发展的突出因素。创新需要灵活的机制，对市场和技术变化做出快速反应，中小企业在创新中扮演着重要的角色，而在长江中游城市群的高技术产业中，中小企业和民营企业总量相对不足，成长性差，没能充分发挥中小企业应有的优势，推动经济绿色发展。

长江中游城市群技术创新投入不足，基础研究相对薄弱，不利于技术创新的长期积累。科技创新往往是以无形知识形态出现的，无形知识被模仿，会损害创新主体的利益；创新主体的创新努力得不到充分的保护，创新主体就缺少创新的激励；技术创新的知识产权体系不够完善，则影响企业创新的积极性。

（四） 绿色发展内生机制尚不健全，绿色发展体制机制滞后

推进"新型工业化、城镇化、信息化、农业现代化、绿色化"协同发展是我国生态文明建设的基本要求，也是实施绿色发展理念和战略的必然要求和基本路径。然而，长江中游城市群经济增长方式粗放，主要表现为资源环境领域产权制度不健全，价格机制不能充分发挥作用，各级政府把经济增长作为第一要义，以牺牲资源环境为代价换取经济增长。政府、企业、组织与个人均为绿色发展的主体，每个主体都是系统的有机组成部分，多元主体参与公共事务的协同治理，必须保证各主体参与的有效性和参与质量，才能实现协同治理所要达到的真正目的。但是，各主体在地位上的不平等，合作与协调不力，职责任务不明确，利益分配失衡，矛盾冲突易发等问题无一不在影响着绿色协同治理的效果。

科学有效的监督制约机制是绿色发展必不可少的社会环境基础，长江中游城市群监督制约机制弱化主要表现为政府监督制约机制弱化和新闻媒体监督弱化。一方面，上级政府对下级政府、本级政府对相关部门或企业缺乏有效的监督和制约，导致一些地方铺摊子、拼资源行为泛滥；另一方面，新闻媒体把经济粗放发展作为"政绩"宣扬得多，对经济粗放式发展而造成的能源资源濒临枯竭和环境遭到严重污染、破坏披露得少，没有起到舆论监督应有的作用。政府与媒体监督机制弱化，不利于长江中游城市群走绿色发展道路。

GDP 一直是我国考核地方经济发展最为重要的经济指标，但 GDP 增长的同时对资源的消耗、对环境的破坏却被人们忽视，很大程度上误导了经济发展的整体走向，加速了有限能源资源的枯竭速度。我国从上到下以 GDP 论英雄的传统政绩考核方式一直没有从根本上改变，上大项目、铺大摊子、拼资源、拼环境等严重短期化行为，是地方官员提升政绩的有效方式，因此导致了资源枯竭、节能降耗目标未完成、环境污染等问题，GDP 高于一切，"一俊遮百丑"。把 GDP 作为政绩指标容易诱使政府盲目追求经济增长，甚至放弃政府应有的职责，不惜代价追求经济增长。长江中游城市群绿色发展必须创新政绩评价机制，率先建立健全的绿色发展评价体系和考核制度。

三 国内外城市群绿色发展实践与启示

（一）国外城市群绿色发展实践

1. 北美五大湖城市群

北美五大湖城市群以芝加哥、多伦多为核心，分布于北美五大湖沿岸，跨美加两国，从芝加哥向东到底特律、克利夫兰、匹兹堡，一直延伸到加拿大的多伦多和蒙特利尔，出海口为圣劳伦斯河。该区域面积约24.5 万平方公里，人口约 5000 万，拥有 10 个左右 100 万以上人口的城市，城市总数达 35 个之多。

五大湖地区煤、铁等矿产资源丰富，水运价格低廉，对北美的钢铁工业发展起到重要作用，五大湖南岸和西岸形成了五大钢铁工业中心。在此基础上，五大湖城市群与美国东北部大西洋沿岸城市群共同构成了北美的制造业带，形成一个特大工业区域、全球汽车制造中心、全球机械制造中心。

美国的五大湖地区是美国工业化和城市化水平最高、人口最稠密的地区。这里工业城市集聚，与大西洋沿岸城市群占美国制造业产值的70%以上。通用、福特和克莱斯勒三大汽车公司的产量和销售额占美国的80%左右，底特律是全球著名的汽车城、福特汽车公司所在地。同时，这里也是美国中部地区的金融、贸易与文化中心。

北美五大湖城市群工业化的发展给当地带来了巨大的经济利益，同时也给原有生态环境系统带来巨大冲击。自20世纪70年代开始，五大湖环境污染的严重局面开始受到重视。

美国、加拿大两国政府在共同治理水污染、保护五大湖的过程中，形成了一套基于环境协议、成立协调组织、促进产业转型、多元主体参与的跨域环境治理机制，完成了五大湖城市群绿色发展的成功转型，主要措施有：

（1）基于府际合作协议的环境治理。2001年，两国在五大湖周边的所有10个州、省成员签署了《五大湖宪章》的补充条例，对五大湖地区水资源管理进行详细规定，涉及水资源保护、水质恢复、水量储存利用以及相关生态系统保护等。这为湖区水资源的有效管理描绘了更加全面的蓝图。2006年，加拿大安大略省、魁北克省与美国8个州的代表签署《五大湖区－圣劳伦斯河盆地可持续水资源协议》。该协议规定，禁止美国南部的干旱州大规模地调用五大湖区－圣劳伦斯河盆地的水资源，从而建立起了涵盖五大湖城市群的环境治理机制。

（2）基于区域合作组织的环境治理。跨域治理五大湖区的水污染，保护五大湖区生态环境，需要建立完善的区域合作组织来协调推动。在签订环境合作协议的同时，也成立了专门的协调监督机构，共同推动湖区环境治理。这些机构主要有国际航道委员会、国际联合委员会、大湖渔业委员会、五大湖州长委员会等。它们为推动五大湖流域的跨界水质保护行动提供了强有力的组织保障。

（3）基于产业结构转型的环境治理。五大湖区委员会和美国的 8 个州及加拿大安大略省合作构建了快慢相宜、水陆并举的区域旅游交通网络"五大湖区旅游环线"。经过 30 多年艰难转型，五大湖城市群的产业结构已经从以制造业为主转变到以服务业为主，从源头上减少了废弃物对生态环境的破坏。

（4）基于多元主体参与的环境治理。大湖区周边包括加拿大两省和美国的 8 个州，有数千个地方区域和特别功能主管团体参与对湖区的管理。在北美五大湖区水污染治理实践中，非营利组织作为一个重要治理主体，与政府、企业、社会公众共同行动。

2. 日本太平洋沿岸城市群

日本太平洋沿岸城市群以东京、大阪、名古屋为中心，区域面积 10 万平方公里，约占日本国土面积的 25%；人口将近 7000 万，占全国总人口的 54%，是日本政治、经济、文化、交通的中枢，在日本国内具有非常重要的地位。该地区集中了全日本 80% 以上的金融、教育、出版、信息和研究开发机构，集中了日本工业企业和工业就业人数的 2/3，是日本经济最发达的地带，为全球重要的汽车、家电、自动办公设备、船舶制造中心。

这是一个多核的城市群，包括三大都市圈，即以东京、横滨为中心的京滨都市圈，以大阪、神户为中心的阪神都市圈，以名古屋为中心的名古屋都市圈。由于国土狭窄，平原面积小，日本中小城市相对较少，为发挥城市的辐射作用，城市群和主要城市既有优势产业，又有相对综合的功能。

东京市区人口超过 1000 万，被认为是"纽约 + 华盛顿 + 硅谷 + 底特律"型的集多种功能于一身的世界大都市，承担着全国经济中国际金融中心的职能，是全球三大金融中心之一。

在绿色经济转型过程中，日本逐渐转变以人均国内生产总值增长最大化为目标的经济发展模式，尤其在遭受福岛核泄漏事故和遇到青年贫困等问题之后，日本政府采取了以下措施加快向绿色经济转型：

（1）建立绿色经济激励机制。日本政府对化石燃料收取国家碳税，鼓励发展低碳经济的生产者（或经济行为）。2008年10月，试行温室气体排放权交易制度，并研究出针对可再生能源的收费标准。对企业和家庭开征环境税，遏制增加CO_2排放的产品生产和销售。加大环境保护资金投入力度，建立多边基金促进节能减排。

（2）拓展相关计划制定维度。日本政府提出将人口政策与环境政策相结合，抑制城市人口。采取了综合性措施和长远规划，努力改革工业产业结构，支持相关的捕捉和封存技术，大规模地削减温室气体。政府还持续投资减排技术和减排装备领域，以有效减少化石能源的温室气体排放量，目前已经形成在国际上遥遥领先的日本烟气脱硫环保产业。

（3）积极推行再生能源经济。2009年4月，日本政府推出"日本版绿色新政"四大计划，提出可再生能源占能源消费的比重要从2005年的10.5%提升到2020年的20%。日本政府注重发展可再生能源（太阳能、风能、地热、生物质能等），将太阳能开发利用作为核心内容，积极推动太阳能技术和装备的研发及使用。政府重视环保理念的宣传与示范，2008年决定在国内挑选10座"环境示范城市"，发挥示范城市的典范与引领作用。

3. 英国中南部城市群

英国中南部城市群以伦敦为核心，以伦敦—利物浦为轴线。1000万人口以上城市1座——伦敦，伯明翰、谢菲尔德、利物浦、曼彻斯特的城市人口均达100万以上，中小城市10余座，还有众多小城镇。区域面积为4.5万平方公里，约占英国国土面积的1/5，在世界五大城市群中面积最小。人口约3650万，占英国人口的一半以上。工业革命使英国成为世界经济增长中心，城市化进程十分迅速，一大批工业城市迅速崛起、成长，在英格兰中部地区首先形成世界级城市群。

这里是英国的产业密集带和经济核心区，GDP达1万亿美元以上，人均GDP 2.5万美元左右，作为印刷机械、汽车生产制造中心之一的曼彻斯特是世界纺织工业之都，利兹、伯明翰、谢菲尔德等大城市是纺织机械重镇；除曼彻斯特、利物浦等城市设有金融交易中心外，伦敦是欧洲最大的金融中心，同时也是全球三大金融中心之一。

针对城市群的绿色发展，英国制定了国家低碳经济发展战略，采取经济政策引导、法律制度约束等多种方式进行倡导和推行。2002年英国实施温室气体排放交易机制，成为首个开展温室气体排放市场交易的国家；2007年6月英国又出台实施《气候变化法案》，成为第一个对 CO_2 排放立法的国家。

（1）制定绿色经济相关政策。英国政府先后推出《创建低碳经济》白皮书、《气候变化战略框架》和《气候变化法案》等文件，启动氢战略框架计划、清洁化石燃料计划与超级发电计划等。针对化石燃料（燃烧产生 CO_2）征收国家碳税，向促进低碳经济发展的生产者（或经济行为）提供优惠或发放补贴。为鼓励企业使用可再生能源，还推行了可再生能源配额政策。

（2）推行绿色技术创新。绿色经济发展的中心是发展低碳经济，重点是对传统高碳产业进行环保改造，同时加强低碳技术的创新。在欧盟范围内，英国政府对低碳经济发展的推动力度最大。通过建设示范低碳发电站，把发展低碳发电站技术当作减少 CO_2 排放的关键环节；政府大力资助有关清洁煤技术发展的研究项目，通过设立碳基金（Carbon Trust）来扶持和鼓励企业积极主动地开发与使用低碳技术。

（3）培养公众低碳意识。英国政府要求在2008—2009年教学大纲中增加与气候相关的内容，加强对环保型汽车的推广，出台政策鼓励国民使用环保型汽车，促使本国的汽车制造商积极研制环保型汽车。制定了一系列奖励措施来鼓励国民购置使用清洁燃料车和减少 CO_2 排放。英国联合8个工业强国来集体研发遏制气候变化的相关技术，在实现碳排放减少目标的同时，来帮助发展中国家减少碳排放量。

（二）国内城市群绿色发展实践

1. 长江三角洲城市群

长江三角洲城市群在上海市、江苏省、浙江省、安徽省范围内，由以上海为核心、联系紧密的多个城市组成，主要位于国家"两横三纵"

城市化格局的优化开发和重点开发区域。该城市群处于东亚地理中心和西太平洋的东亚航线要冲,是"一带一路"与长江经济带的重要交汇地带,自然禀赋优良,综合经济实力强,城镇体系完备。长江三角洲城市群为促进绿色发展,解决在传统发展模式中所积累的诸多生态问题,主要采取了以下措施:

(1)强化主体功能分区的基底作用。率先转变空间开发模式,严格控制新增建设用地规模和开发强度,适度扩大农业和生态空间。

(2)推动人口区域平衡发展。严格控制上海中心城区人口规模。合理确定全市特别是中心城区人口规模调控目标,坚持政府引导与市场机制相结合,推动以产业升级调整人口存量、以功能疏解调控人口增量;适度控制其他优化开发区域人口过快增长;引导人口加快向重点开发区域集聚。

(3)营造创新驱动发展良好生态。优化专业服务体系。鼓励共建创新服务联盟,培育协同创新服务机构,强化技术扩散、成果转化、科技评估和检测认证等专业化服务。

(4)提高能源保障水平。调整优化能源结构和布局。统筹推进液化天然气(LNG)接收站建设,积极利用浙江沿海深水岸线和港口资源,布局大型 LNG 接收、储运及贸易基地,谋划建设国家级 LNG 储运基地;推进能源基础设施互联互通;加快能源利用方式变革。降低能源消费强度,加强能源消费总量控制;建立健全用能权初始分配制度,培育发展交易市场;推动建筑用能绿色化发展,提高建筑节能设计标准,推进建筑节能改造,推广被动式超低能耗建筑。

(5)推动生态共建、环境共治。外联内通共筑生态屏障。强化省际统筹,推动城市群内外生态建设联动,建设长江生态廊道;实施生态建设与修复工程。实施湿地修复工程,推进外来有害生物除治,恢复湿地景观,完善湿地生态功能;深化跨区域水污染联防联治;完善长三角区域大气污染防治协作机制,统筹协调解决大气环境问题;强化水资源安全保障,提升水资源保障能力,完善防洪防潮减灾综合体系。

长江三角洲城市群正在全面推进绿色城市建设,推进城市建设绿色化。严格城市"三区四线"规划管理，合理安排城市生态用地，适度扩大城市生态空间，修复城市河网水系，推广低冲击开发模式，加快建设海绵城市、森林城市和绿色低碳生态城区。发展绿色能源，推广绿色建筑和绿色建材，构建绿色交通体系；强化优化开发区域的城市重要资源总量利用控制，优化重点开发区域的城市资源利用结构和增速控制，加快推动资源循环利用，建设城市静脉产业基地，提升城市群资源利用总体效率；推进产业园区循环化和生态化。严格控制高耗能、高排放行业发展，支持形成循环链接的产业体系。以国家级和省级产业园区为重点，推进循环化改造和生态化升级，实现土地集约利用、废弃物交换利用、能量梯级利用、废水循环利用和污染物集中处理。深入推进园区循环化改造试点和生态工业示范园区建设。倡导生活方式低碳化。培育生态文化，引导绿色消费，鼓励低碳出行，倡导简约适度、绿色低碳、文明节约的生活方式。推行"个人低碳计划"，开展"低碳家庭"行动，推进低碳社区建设。

2. 珠江三角洲城市群

珠江三角洲城市群包括广州、深圳、珠海、佛山、东莞、中山、江门、肇庆、惠州9个城市，新扩容清远、云浮、阳江、河源、汕尾5个城市。珠江三角洲地区是有全球影响力的先进制造业基地和现代服务业基地，南方地区对外开放的门户，我国参与经济全球化的主体区域，全国科技创新与技术研发基地，全国经济发展的重要引擎，辐射带动华南、华中和西南地区发展的龙头，是我国人口集聚最多、创新能力最强、综合实力最强的三大区域之一。珠江三角洲城市群的绿色发展主要包括三个方面内容。

（1）落实最严格水资源管理制度和用水总量控制制度。开展节水型社会创建活动，推进广州、珠海、东莞、惠州全国水生态文明试点城市建设。实行新增建设用地与闲置用地处置挂钩制度。

（2）落实《珠三角城市群绿色低碳发展深圳宣言》，制定珠三角城市群绿色低碳发展行动方案和指标体系。加快深圳国际低碳城、珠海横琴国家低碳城（镇）试点建设。在省产业园区推广应用分布式太阳能光伏发电。推广应用新能源汽车 3 万辆。

（3）启动省大气污染防治条例制定工作。开展挥发性有机物污染治理，实施城市空气质量达标管理，有效控制 PM2.5、PM10 平均浓度；推进珠三角国家森林城市群、绿色生态水网建设两大重点生态工程，制定国家森林城市群建设规划和相关指标评估体系。

3. 京津冀城市群

京津冀城市群起步较晚，有后发优势。2016 年《关于贯彻落实区域发展战略促进区域协调发展的指导意见》提出将继续推进京津冀交通一体化、生态环保、产业转型升级三大领域率先突破，完善协同发展体制机制。在环境方面，要以资源环境承载能力为基础，强化水资源环境承载能力刚性约束，加快推进大气污染联防联控。

2016 年 7 月 7 日《京津冀协同发展规划纲要》更明确了京津冀三地的具体功能定位：北京为全国政治中央、文化中央、国际交往中央和科技创新中央；天津为全国先进制造研发基地、北方国际航运核心区、金融创新运营示范区和改革先行示范区；河北为全国现代商贸物流重要基地、产业转型升级试验区、新型城镇化与城乡统筹示范区、京津冀生态环境支撑区。为推动京津冀绿色发展，主要采取了以下措施：

（1）加快转变城市发展方式，优化城市空间布局和内部结构，提高城市可持续发展能力。大力发展金融、物流、电子商务等现代服务业，进一步提高高耗能、高排放和产能过剩行业准入门槛，强化城市产业发展的就业支撑能力，增强城市经济活力和竞争力。以城市群为主要形态，推进人口密集地区城市功能互补与协调发展，提高城市群的集聚、辐射和创新能力；以紧凑型城市为主要形态，推进中小城市集约发展，强化中小城市在特色产业、服务业方面对中心城市的支撑作用。

（2）促进城市能源供应向绿色、低碳方向明显优化。削减城市地区煤炭消费数量，在大气联防联控重点区域，要加快实现煤炭消费总量大幅下降。提高天然气普及程度，加快推进天然气价格形成机制改革，鼓励资源条件有保障、经济发达的东部地区城市建设燃气蒸汽联合循环调峰电站。以民用建筑为重点，在城市推广太阳能热水、太阳能发电、地热能、垃圾发电等新能源技术应用，在条件适宜地区，大力推动新建建筑应用太阳能热水系统，推进光伏建筑一体化发展。

（3）大幅提升城市工业、交通及建筑领域能源利用效率。优化城市密集地区工业行业产能布局，运用高新技术和先进适用技术改造提升传统产业，鼓励产业兼并重组和有序转移。加快完善建筑节能标准体系，逐步提高建筑节能标准要求；加快推进既有建筑节能改造，因地制宜地推广热电联产、工业余热利用等供热技术；深化供热体制改革，加快推行热计量收费措施与制度。合理规划城市布局，优化配置交通资源，建立以公共交通为重点的城市交通发展模式；推广节能与新能源汽车，加快加气站、充电站等配套设施规划和建设；加快城市步行、自行车交通系统建设，倡导绿色出行，加大交通疏堵力度。

（4）创新城市管理体制和机制。加快城市管理体制改革，简化行政层级，把绿色、低碳作为政府提供公平、普遍公共服务的重要内容，促进各级政府城市管理由生产型向服务型方向转变。完善城市公共交通、轨道交通、绿色建筑等基础设施和公共服务设施，推进创新城市、绿色城市、智慧城市和人文城市建设，全面提升城市内在品质。完善城市治理结构，创新管理方式，把促进农民工市民化、改善城市环境治理、提升城市宜居度作为政绩考核重要内容，不断提升城市化质量水平。

（三）国外城市群绿色发展启示

城市群经济是中国区域一体化经济发展的重要内容，为促进城市群经济发展需要加快新能源等绿色产业的发展速度，尽快转变能源产业结构和发展方式。在研究国外城市群绿色发展经验的基础上，本报告提出以下几点城市群绿色发展启示。

1．优化城市群产业结构，加大绿色技术经济比重

各城市群要以产业结构调整为主线，提升产业高度，合理规划城市主导产业及其空间布局。各城市要大力推动第三产业的发展，尽快降低第二产业的比重，要遵循"着力加强第一产业，调整提高第二产业，积极发展第三产业"的总方针，形成有主有次、相对协调的产业体系。所有城市要优化第二产业结构，将发展重点集中到能源消耗低、技术含量

高的绿色经济产业，使城市的经济发展和生态环境实现双赢。

2. 提高城市群能源效率，大力发展绿色循环经济

能源问题制约着城市群的经济发展，我国城市群的能耗强度虽然呈现不断下降趋势，但仍远远高于发达国家水平。2012 年长江三角洲城市群的能耗强度为 2.1 吨标准煤/万元，而发达国家的能耗强度基本低于 0.2 吨标准煤/万元，即长江三角洲城市群的能耗强度是发达国家的 10 倍以上。要运用节能降耗、减少环境污染和提升创新力等手段，促使城市群经济持续增长。各城市群要提升高排放、高能耗和产能过剩行业的准入门槛，要加快淘汰产能落后的化工、钢铁、印刷等污染企业。要鼓励发展能源消耗低并且经济效益高的产业，支持发展节能减排技术、新能源技术、环保新技术和绿色创新技术，要利用高新技术来加快传统产业和落后产业的转型升级速度。要利用城市群经济发展优势，相互协调发展，大力发展节能技术，发展新能源技术。通过使用节能灯管、建设绿色建筑等措施来减少能源消耗。充分运用环保、节能、减排等技术，逐步降低对能源的依赖和减少煤炭的消费量。要发展循环经济，提倡资源高效和循环利用，努力实现污染物的零排放，保证经济与环境的持续协调发展。

3. 加强城市群科技力量，推进绿色科技协作机制

绿色技术创新的先锋是基础研究，基础研究作为绿色技术创新的根基，能够为绿色技术创新提供坚实的基础。城市群要依托高等院校、科研机构的人才优势，加大对高校与科研机构基础研究的投入，实施城市群科技协同与科技创新战略，有效整合高校、科研机构等创新资源，提升科技研究的绩效，提高资源的利用效率和社会效益。科研机构和高等院校拥有大量的科技成果，但难以转化，对技术创新支撑不足。城市群可以制定优惠政策，优先转移转化绿色科技成果，降低转移转化门槛。组织高等院校、科研机构加强与企业间的研发立项与研发合作，重点提升绿色技术应用和绿色科技成果的量产匹配度，提高高校、科研机构与企业的合作成功率。加强高校与企业的绿色技术创新合作，使高校提高人才培养的针对性，深入了解企业绿色创新技术

需求。提高绿色技术创新的实践性，积极满足企业的绿色创新技术需求。加大城市群企业、高校、科研机构"三位一体"绿色创新合作，促进绿色知识、绿色技术、绿色创新人才在合作主体之间的合理流动，从而增加科技创新的绩效。

4. 创新城市群合作模式，增强区域功能协调互补

在生态环境保护中，政府发挥着至关重要的作用。政府通过实施政府采购和税收倾斜政策，制定环境保护法案，来鼓励和支持发展环境友好型产业。为协调多方利益，各城市要协作配合，在城市群共同利益上，如公共交通、基础设施、防治污染等方面，统一行动。各城市的政府部门要重视绿色技术创新工作，加大资金投入力度，真正建立起以"绿色经济"为导向的城市群创新与激励政策体系。发展城市群经济，需要各城市的政府部门统一思想，打破市场分割，加快劳动力市场一体化，构建统一的信息平台，实现信息共享。实行劳动力资质在城市群内相互承认，就业保障政策相融互认，劳动力的养老、医疗保险相互认可和异地享受政策，并建立城市群定期合办就业洽谈招聘会制度。充分发挥城市群教育资源优势，提高城市群各类职业教育培训的服务水平。要加快城市群各商业银行改造，推动银行之间相互持股，构建区域联合金融体，实现城市间金融"同城化"。要建立区域内城市群企业和个人信用体系，推进银行业务一体化，在城市群内普遍实行同城清算，提高资金效率。对绿色技术经济企业，要有特殊的优惠政策，优先进行银行贷款或资金拆借业务。要利用城市群同业拆借市场的优势，实现各城市商业银行同业资金的及时调剂。

5. 强化城市群绿色规划，加大城市群环保宣传

根据美国的环境保护经验，我国各级政府要从思想、制度、管理、组织、奖惩等方面开展环保工作。坚决强化严惩措施，可以通过环境执法，剥夺企业因未执行环保要求获得的所有经济收益。国家环保部门要建立社会公开机制，所有社会公众都能在环保部门公开网站上获取被罚对象的所有信息。美国最经典的事例是1999年，国家环保局对"亚特兰大严重污染"事件采取了最严厉的行政与民事行动，最终执行罚款额为

320 万美元。绿色消费属于高层次理性消费，是带有环境意识的消费活动，它体现人类的价值观、道德观和人生观。目前，绿色消费可分为三种情况，一要倡导消费者能够选择绿色产品；二要重视消费过程中对废弃物的处置；三要引导社会公众转变消费观念。各级政府要关注环保，节约资源，最终实现可持续消费。要推广运用节约型技术与措施，倡导绿色消费新模式，建立低消耗、低污染、低浪费的生活方式。要通过鼓励使用清洁能源和新能源，来调整居民的生活能源结构。要坚持以科技进步为龙头，提高能源的使用效率，改善能源基础设施；要通过完善服务、政府监管和市场培育等手段，树立绿色、生态、文明的生活方式，自觉养成绿色的工作、生活和消费习惯。

四 促进长江中游城市群绿色发展的对策建议

（一）大力推进绿色城市建设

1. 提高资源利用水平

（1）加快推广应用绿色低碳生产技术。严格控制高耗能、高排放行业低水平扩张和重复建设，加大化工、氮肥、磷肥、稀土等行业关停整治力度，依法淘汰落后产能，加强共性、关键和前沿节能降耗新技术、新工艺的研发与应用合作，共同组织实施重点节能技术改造项目，全面推进建筑、交通等重点领域节能改造。推进长株潭、新余、荆门国家节能减排财政政策综合示范城市建设。

（2）提高资源利用效率并加大资源保护力度。加强水资源跨区域协调，支持探索跨区域水权转让，建立水资源综合调配机制，推进流域水资源统一配置调度。共同推进高耗水行业节水改造和节水农业灌溉技术推广，建设节水型社会。实施最严格的耕地保护制度和集约节约用地制度，提高单位土地投资强度和产出效益。开展矿山废弃地、废弃工业用地、村庄闲置土地整治和再利用，按照中央统一部署推进农村土地管理制度改革，鼓励开发利用城市地下空间。

2. 大力发展循环经济

（1）推进产业园区循环化发展。以各类符合条件的开发区、产业园区为载体，打造企业间、园区间资源循环利用产业链，全面推进工业园区循环化改造，鼓励国家级开发区创建国家循环经济示范区、国家生态工业示范园区。加强清洁生产审核，抓好钢铁、石油化工、有色金属、机械制造、建材和造纸等行业清洁生产。加强资源综合利用，大力推进磷石膏、冶炼渣等大宗工业固体废弃物综合利用，重点推进再生资源利用产业示范基地建设，支持发展再制造产业，共建再生资源回收利用体系，促进再生资源回收和循环利用，率先在长江中游城市群全面建立再生资源回收网络，支持有条件的城市积极开展"城市矿产"建设、餐厨废弃物资源化利用和无害化处理、再生资源加工利用等。积极构建农业循环经济产业链，推进农林废弃物循环利用。

（2）完善资源循环利用制度。建立健全资源产出率统计体系。实行生产者责任延伸制度，推动生产者落实废弃产品回收处理等责任。建立种养业废弃物资源化利用制度，实现种养业有机结合、循环发展。加快建立垃圾强制分类制度。制定再生资源回收目录，对复合包装物、电池、农膜等低值废弃物实行强制回收。加快制定资源分类回收利用标准。建立资源再生产品和原料推广使用制度，相关原材料消耗企业要使用一定比例的资源再生产品。完善限制一次性用品使用制度。落实并完善资源综合利用和促进循环经济发展的税收政策。制定循环经济技术目录，实行政府优先采购、贷款贴息等政策。

（二）促进开发区绿色转型发展

1. 推进开发区绿色转型升级

（1）强化开发区生态环境保护。限制在长江沿线开发区新建石油化工、煤化工等化工项目，强化环评管理，新建、改建、扩建项目实行主要水污染物排放减量置换，严控新增污染物排放。坚决取缔"十小"企业①，

---

① "十小"企业是指小型造纸、制革、印染、染料、炼焦、炼硫、炼砷、炼油、电镀、农药等严重污染水环境的生产企业。

整治造纸、制革、电镀、印染、有色金属等行业。严格排放标准，对不能达标排放的企业一律停产整顿。全面建成污水集中处理设施及自动在线监控装置，并稳定运行。转型升级示范开发区所在县（市、区）工业项目要向开发区集中，促进环境综合治理。

（2）推动开发区绿色低碳化转型。加快制造业绿色改造升级，应用清洁设备和工艺，降低能耗及限用物质含量，实现绿色生产。支持企业开发绿色产品，提升产品节能环保低碳水平。建设绿色工厂，实现厂房集约化、原料无害化、生产洁净化、废物资源化、能源低碳化。推进转型升级示范开发区产业耦合，实现近零排放。强化绿色监管，开展绿色评价，推广低碳管理模式。积极参加全国碳交易市场建设和运行，针对开发区内企业发展碳交易相关支撑服务体系。

2. 建设生态工业园区

（1）重视园区建设规划，促进园区绿色转型。各园区要按照《国家生态工业示范园区管理办法》的要求认真组织规划的编制、论证、报批与修订等工作。规划编制要根据园区特点，深入分析开展国家生态工业示范园区建设的基础和模式，设定科学合理的目标指标及重点项目，采用翔实可靠的数据和支撑资料，提出具备较强可操作性的实施方案，为国家生态工业示范园区的建设打下坚实的基础；要将目标任务细化分解到园区各部门，签订目标责任书；要将建设规划纳入园区所在地人民政府的总体规划、各类专项规划及相关工作计划中，将建设目标指标纳入园区所在地干部政绩考核体系，确保国家生态工业示范园区建设有序、持续推进。

（2）提高园区准入门槛，提升园区发展质量。各园区要制定并执行项目准入制度，从产业技术水平、资源能源利用效率、污染物排放、经济效益等方面设定准入指标，提高准入门槛；加大园区内重点企业清洁生产审核实施力度，提升企业清洁生产水平；开展产业链招商，重点引进产业关联度高、工艺技术先进、资源节约和环境友好、附加值高的生产性项目和以产业配套服务为主的高端服务业；建立基于园区产业效益、资源利用效率、技术水平和环境影响的综合优化调控机制，提高园区的运行稳定性、资源产出率和环境安全水平。

（三）创新驱动产业绿色发展

1. 健全产业准入负面清单制度

（1）加快建立沿江地区产业准入负面清单制度。通过编制产业准入负面清单，以限制产业发展对生态环境的影响。一是列出沿江地区限制禁入类产业的负面清单，主要是对电镀、印染、造纸等高耗能和高污染行业严禁准入和向长江中上游转移。二是列出沿江地区落后产能类产业的负面清单，主要是对有色、石化、钢铁、建材等行业限制产能盲目扩张，逐步淘汰这类产业中生产工艺落后、环境污染严重的企业。三是考虑列出沿江地区限期整改类产业的负面清单，强制要求企业通过绿色循环工艺改造达到节能环保标准，对于达不到既定工艺标准和环保标准的企业，可依照清单实施退出和淘汰机制。

（2）健全完善重点生态功能区产业准入负面清单制度。产业准入负面清单制度涉及重点生态功能区经济、环境、社会发展各个方面，其实施推进需要其他相关制度进行配合和支撑。要推进国家重点生态功能区政绩考核体系配套改革，以绿色生态指标为重点，鼓励地方政府加强建立并落实产业准入负面清单制度工作，推进环境治理。要健全生态补偿机制，建立动态调整、奖罚分明、导向明确的生态补偿长效机制。要建立产业准入负面清单制度动态管理机制，定期对现有清单进行修订。要充分发挥政府、企业、环保组织和公众在重点生态功能区产业准入负面清单制度建设中的作用，统筹各方合力，共同推进重点生态功能区环境治理工作。

2. 强力推进绿色工业、绿色服务业、绿色农业发展

（1）发展壮大绿色工业。一是大力发展战略性新兴产业。发展战略性新兴产业的重点应放在节能环保、新材料、新能源、新能源汽车等领域。在节能环保领域，重点发展高效节能、资源循环利用、先进环保装备，加大先进节能技术创新和示范，加强节能标准宣传与实施，提升能源利用效率，发展节能型、高附加值的产品和装备。在新能源领域，重点发展核能、风电、智能电网、页岩气、太阳能光伏、生物

质能源。在新能源汽车领域，重点发展插电式混合动力汽车、纯电动汽车，提升新能源汽车信息化、智能化水平，推动新能源汽车的应用。二是加快传统产业改造升级进程。改造传统产业的重点是加快钢铁、有色金属、石化、纺织等领域技术改造，提升重点行业清洁生产水平，推进智能制造、大规模个性化定制、网络化协同制造和服务型制造，提升资源使用效率。

（2）加快发展绿色服务业。一是大力发展绿色金融。要围绕建设"两型"社会和发展生态经济、循环经济，推进金融改革创新，大力发展科技金融、航运金融、物流金融、金融后台服务，同时健全绿色金融的法律法规保障体系，完善环保与金融部门的信息沟通和共享机制，保证信息的有效性和及时性，成立专门的金融机构环境信用评级机构。二是加快发展绿色物流。要加强现代物流基础设施的建设和衔接，加快建立现代物流服务体系，推动城市群智能物流网络建设，同时制定比较严格的、与国际标准相接轨的产品标准和排放标准，在税收、财政补贴、牌照发放、市场准入等方面，优先对具有绿色物流理念与实践的企业进行激励。三是积极发展生态旅游业。坚持旅游资源保护和开发并重，推动新技术在建设景区管理保护系统上的应用，全面推动生态旅游、文化旅游、红色旅游。大力发展水上旅游、绿道自驾、低空旅游，形成多样化、特色化、差异化的旅游产品体系。

（3）积极发展高效绿色农业。一是推动农业绿色化生产。要充分发挥科技创新驱动作用，实施科教兴农战略，加强农业科技自主创新、集成创新与推广应用，力争在种业和资源高效利用等技术领域率先突破，着力提高农业资源利用率和产出水平；大力发展农机装备，推进农机农艺融合，加快实现农作物生产全程机械化；着力加强农业基础设施建设，提高农业抵御自然灾害的能力；加强粮食仓储和转运设施建设，改善粮食仓储条件。二是加强农业环境污染防治。要推广高效、低毒、低残留农药，以及生物农药和先进施药机械，推进病虫害统防统治和绿色防控；全面加强农业面源污染防控，科学合理使用农业投入品，提高使用效率，减少农业内源性污染；开展农产品产地环境监测与风险评估，实施重度污染耕地用途管制，建立健全全国农业环境监测体系；加快农村环境综合整治，保护饮用水水源，加强生活污水、垃圾处理，加快构建农村清洁能源体系。

（四）加强跨区域环境污染联防共治

1. 深化水、大气、土壤污染联防联治

（1）深化跨区域水污染联防联治。以改善水质、保护水系为目标，建立水污染防治倒逼机制。在江河源头、饮用水水源保护区及其上游严禁发展高风险、高污染产业。加大农业面源污染治理力度，实施化肥、农药零增长行动，进一步优化畜禽养殖布局和合理控制养殖规模，大力推进畜禽养殖污染治理和资源化利用工程建设。对造纸、印刷、农副产品加工、农药等重点行业实施清洁化改造，加强长江、汉江、湘江、赣江、信江、抚河等流域和鄱阳湖、洞庭湖、洪湖、梁子湖、东湖等湖泊、湿地的水生态保护和水环境治理，完善区域水污染防治联动协作机制。实施跨界河流断面达标保障金制度。整治长江干线及主要支线排污口污染，全面清理非法和设置不合理的入江入河排污口，基本消除劣V类水体，沿江地级及以上城市实施总氮、总磷、重金属污染物排放总量控制，强化工业生产污染和船舶污染防治。

（2）联手打好大气污染防治攻坚战。强化城市群大气污染联防联控，加大工业源、移动源、生活源、农业源综合治理力度，加强二氧化硫、氮氧化物、颗粒物、挥发性有机物等多污染物协同控制，确保到2030年城市空气质量全面达标。控制煤炭消费增长幅度，全面推进煤炭清洁高效利用。严格执行统一的大气污染物排放限值，加快推进煤电机组超低排放改造，具备条件的煤电机组2020年年底前完成超低排放改造。加快钢铁、水泥、平板玻璃等重点行业及燃煤锅炉脱硫、脱硝、除尘改造，确保达标排放，推进石化、涂装、包装印刷、涂料生产等重点行业挥发性有机物污染治理。推行绿色交通，加大黄标车和老旧车辆淘汰力度，推进港口船舶、非道路移动机械大气污染防治。推进钢铁、水泥等重点行业清洁生产技术改造，强化农业源控制。

（3）全面开展土壤污染防治。坚持以防为主，点治片控面防相结合，加快治理场地污染和耕地污染。制定长江中游城市群土壤环境质量标准体系，建立污染土地管控治理清单。搬迁关停工业企业改造过程中应当防范二次污染和次生突发环境事件。搬迁关停工业企业应当开展场地环境调查和风险评估，未进行场地环境调查及风险评估、未明确治理修复责任主体的，禁止土地出让流转。集中力量治理耕地污染和大中城市周边、重污染工矿企业、集中污染治理设施周边、重金属污染防治重点区域、集中式饮用水源地周边、废弃物堆存场地的土壤污染。对水、大气、土壤实行协同污染治理，防止产生新的土壤污染。加强规划管控，严格产业项目、矿产资源开发的环境准入，从源头上解决产业项目和矿产资源开发导致的土壤环境污染问题。

2. 全面加强流域环境风险防范治理

（1）源头与末端协同治理降低生产过程环境风险。坚持人民利益至上，牢固树立安全绿色发展理念，强化重点行业安全治理，加强危险化学品监管，建立管控清单，重点针对排放重金属、危险废物、持久性有机污染物和生产使用危险化学品的企业和地区开展突发环境事件风险评估。深入排查安全隐患特别是危险化学品和高毒产品在生产、管理、储运等各环节的风险源，健全完善责任体系，提高环境安全监管、风险预警和应急处理能力，跨区域集中统筹配置危险品处置中心。加快淘汰高毒、高残留、对环境和人口健康危害严重物质的生产、销售、储存和使用，推广有毒有害原料（产品）替代品。

（2）加强生产区域风险治理力度和治理主体责任。强化沿江化工园区和油品港口码头的环境监管与风险防范，建设安全城市群。加强城镇公用设施使用安全管理，健全城市抗震、防洪、排涝、消防、应对地质灾害应急指挥体系，完善城市生命通道系统，加强城市防灾避难场所建设，增强抵御自然灾害、处置突发事件和危机管理能力。进一步落实企业主体责任、部门监管责任、党委和政府领导责任，加快健全隐患排查治理体系、风险预防控制体系和社会共治体系，依法严惩安全生产领域失职渎职行为，确保人民群众生命财产安全。

（五）积极践行绿色新政

1. 全面推广落实绿色发展考评制度

（1）加紧出台长江中游城市群绿色发展评价指标体系。参照国家绿色发展指标体系，立足长江中游城市群绿色发展实际与需求，把资源消耗、环境损害、生态效益等指标纳入经济社会发展综合评价体系，大幅增加考核权重，强化指标约束，不唯经济增长论英雄，制定符合长江中游城市群主体功能定位与差异化发展导向的官方绿色发展评价体系。主要评估长江中游城市群各城市资源利用、环境治理、生态保护、增长质量、绿色生活和公众满意程度等方面的变化趋势和动态进展。

（2）根据区域主体功能定位，实行差别化的考核制度。对限制开发区域、禁止开发区域和生态脆弱的国家扶贫开发工作重点县，取消地区生产总值考核；对农产品主产区和重点生态功能区，分别实行农业优先和生态保护优先的绩效评价；对禁止开发的重点生态功能区，重点评价其自然文化资源的原真性、完整性。实行每年测评一次，将绿色发展测评结果向社会公布，并赋予适当权重纳入年终政绩综合考评体系，将考评结果与地方党政领导干部选拔任用、培训教育和建立惩戒挂钩，强化绿色考评结果运用。

2. 健全领导干部环境损害责任追究制度

（1）加快编制自然资源资产负债表，厘清长江中游城市群生态资源存量。以探索编制自然资源资产负债表为契机，加快建立健全科学规范对接国际的自然资源统计调查制度，初步查明长江中游城市群自然资源资产的存量与损益变动情况，为全面推进绿色发展与生态文明建设、有效保护与有序利用自然资源提供信息支撑、预警监测和决策依据。

（2）加快建立领导干部自然资源资产离任审计制度。以自然资源资产负债表为依据，结合长江中游城市群各城市主体功能定位和自然资源资产禀赋特点与环境治理重点，深入开展领导干部自然资源资产离任审计，推动领导干部切实履行自然资源资产管理和生态环境保护责任，促进节约高效利用自然资源，保障生态资源存量稳定。

（3）全面落实领导干部生态环境损害责任追究制度。明确生态环境损害责任具体追责情形，特别是对长江中游城市群面临的突出水、大气和土壤污染等环境问题应重点关注，将环境损害"行为追责"与"后果追责"相结合，切实规范约束领导干部在生态环境领域依法正确履职用权。

参考文献

[1] 姚士谋，等. 中国城市群［M］. 合肥：中国科学技术大学出版社，2006.

[2] OECD. Green Growth at the OECD：Selected Areas of Ongoing Work［R/OL］. http://www. oecd. org/greengrowth/49313167. 2017 – 02 – 19.

[3] 王玲玲，张艳国. "绿色发展"内涵探微［J］. 社会主义研究，2012（5）.

[4] 胡鞍钢，周绍杰. 绿色发展：功能界定、机制分析与发展战略［J］. 中国人口·资源与环境，2014（1）.

[5] Krichevskiy S. . Evolution of Technologies，"Green" Development and Grounds of the General Theory of Technologies［J］. Philosophy and Cosmology-Filosofiya I Kosmologiya，2015，14（1）.

[6] 王海芹，高世楫. 我国绿色发展萌芽、起步与政策演进：若干阶段性特征观察［J］. 改革，2016（3）.

[7] 郭永杰，米文宝，赵莹. 宁夏县域绿色发展水平空间分异及影响因素［J］. 经济地理，2015（3）.

[8] Shao S. ，Luan R. ，Yang Z. ，et al. . Does Directed Technological Change Get Greener：Empirical Evidence From Shanghai's Industrial Green Development Transformation［J］. Ecological Indicators，2016，69（1）.

[9] 张欢，罗畅，成金华，等. 湖北省绿色发展水平测度及其空间关系［J］. 经济地理，2016（9）.

[10] 苏利阳，郑红霞，王毅. 中国省际工业绿色发展评估［J］. 中国人口·资源与环境，2013，23（8）.

[11] 孙根紧，钟秋波，郭凌. 我国生态友好型农业发展水平区域差异分析［J］. 山东社会科学，2017（1）.

[12] 王兵，唐文狮，吴延瑞，等. 城镇化提高中国绿色发展效率了吗？［J］. 经济评论，2014（4）.

[13] 岳书敬，杨阳，许耀. 市场化转型与城市集聚的综合绩效——基于绿色发展效率的视角［J］. 财经科学，2015（12）.

[14] 吴旭晓. 区域工业绿色发展效率动态评价及提升路径研究——以重化工业区域青海、河南和福建为例 [J]. 生态经济（中文版），2016（2）.

[15] Mathews J. A., Green Growth Strategies—Korean Initiatives [J]. Futures, 2012, 44 (8).

[16] Li X.. Scientific Development and a New Green Deal [J]. China Finance and Economic Review, 2014, 2 (1).

[17] 李雪娇，何爱平. 绿色发展的制约因素及其路径拿捏 [J]. 改革，2016（6）.

[18] 张乾元，苏俐晖. 绿色发展的价值选择及其实现路径 [J]. 新疆师范大学学报（哲学社会科学版），2017（2）.

[19] 邬晓霞，张双悦. "绿色发展"理念的形成及未来走势 [J]. 经济问题，2017（2）.

[20] 向书坚，郑瑞坤. 中国绿色经济发展指数研究 [J]. 统计研究，2013（3）.

[21] 曾贤刚，毕瑞亨. 绿色经济发展总体评价与区域差异分析 [J]. 环境科学研究，2014（12）.

[22] 于成学，葛仁东. 资源开发利用对地区绿色发展的影响研究——以辽宁省为例 [J]. 中国人口·资源与环境，2015（6）.

[23] 北京师范大学经济与资源管理研究院，西南财经大学发展研究院，国家统计局中国经济景气监测中心. 2016 中国绿色发展指数报告——区域比较 [M]. 北京：北京师范大学出版社，2016.

[24] 国家发改委，国家统计局，环境保护部，中央组织部. 绿色发展指标体系 [EB/OL]. http://www.sdpc.gov.cn/gzdt/201612/W020161222673280139646.pdf, 2017 - 02 - 20.

[25] 李琳，谈胗，徐洁. 长江中游城市群市场一体化水平评估与比较 [J]. 城市问题，2016（10）.

[26] 李梦琦，胡树华，王利军. 基于 DEA 模型的长江中游城市群创新效率研究 [J]. 软科学，2016（4）.

[27] 周晓艳，华敏，秦雅雯，等. 长江中游城市群空间联系研究 [J]. 长江流域资源与环境，2016（10）.

[28] 郭进，徐盈之，王美昌. 金融外部性、技术外部性与中国城市群建设 [J]. 经济学动态，2016（6）.

[29] 张建清，严妮飒. 长江中游城市群基本公共服务均等化的测度与特征分析 [J]. 生态经济，2017（1）.

II

期刊论文

长江中游城市群绿色发展绩效
评估与提升路径[*]

摘　要： 采用改进的熵值法，从资源利用、环境治理、增长质量和绿色生活四个维度对 2005～2015 年长江中游城市群绿色发展绩效进行系统评估。结果表明：长江中游城市群绿色发展整体呈快速上升态势，但内部分异显著，武汉城市圈和武汉、长沙、南昌三大中心城市引领长江中游城市群绿色发展；增长质量的提升是推动长江中游城市群绿色发展的最重要引擎，资源利用和环境治理的绿色发展贡献较弱；组团式集聚绿色发展是长江中游城市群绿色发展空间格局的主要演变趋势，绿色发展要素持续向中心城市和次中心城市聚集。提升长江中游城市群绿色发展绩效，必须大力推进绿色城市建设，促进园区低碳循环绿色转型发展，创新驱动产业绿色发展，加强跨区域合作联合推进污染防控，积极践行绿色生态政治。

关键词： 长江中游城市群　绿色发展　转型路径

长江中游城市群是长江经济带的三大增长极之一，是国家区域协调发展总体战略中部崛起的核心增长带，对新常态下拓展我国区域发展新空间，培育经济社会绿色发展新动力，推动国土空间均衡协调一体化发

---

* 曾刊载于《改革》2017 年第 3 期，题目为《演进轨迹、绩效评估与长江中游城市群的绿色发展》。执笔人：吴传清、黄磊。

展，发挥着重要支撑带动和引领示范作用。国家高度重视长江中游城市群生态保护、绿色发展问题，长江中游城市群绿色发展关系着整个长江经济带的创新驱动绿色发展进展，对全面落实创新、协调、绿色、开放、共享新发展理念和紧扣"共抓大保护，不搞大开发"总基调有着重要的理论和实践意义。长江中游城市群的历史演进过程如何，其绿色发展绩效处于何种状态，应重点从哪些方面进一步提升长江中游城市群绿色发展绩效，都是值得深入探讨的问题。

一 长江中游城市群发展历程

长江中游城市群建设最初并非直接服务于长江经济带发展，而是因中部崛起战略提出，迫切需要打造若干增长极，带动中部地区经济社会全面协调可持续发展，推动长江中游城市群建设正是在这一背景下提出的。长江中游城市群历经十余年发展，随着国家重视程度的愈益加大，其空间范围与发展定位愈益明确，逐渐成为长江经济带和中部地区的核心增长极。长江中游城市群的发展大体经历了三个阶段。

（一）孕育萌芽阶段（2006—2012 年）：中部崛起战略确立，长江中游城市群雏形初现

随着中部崛起战略的启动，长江中游地区经济地位逐渐凸显，国家加大对长江中游地区重视程度，鄂湘赣三省为谋求协同发展，不断加强政府间、企业间、居民间的交流合作，积极推进长江中游城市群建设。2006 年 4 月，国务院出台《关于促进中部地区崛起的若干意见》，正式确立中部崛起战略，通过实施中部崛起战略进一步协调东中西地区发展。2009 年 11 月，国家发改委发布《促进中部地区崛起规划》，指出中部沿江地区是支撑中部崛起、促进东中西协调发展的重要区域，应加快中部沿长江经济带发展。2010 年 12 月，国务院发布《全国主体功能区规划》，确定长江中游地区为国家进行大规模高强度工业化城镇化建设的重点开发区，包括武汉城市圈、长株潭城市群和鄱阳湖生态经济区。2012 年 2 月，武汉、长沙、南昌三省会城市签署《加快构建长江中游城市群战略合作协议》，三省地方政府首次正式明确提出建设长江中游城市群。长江中游城市群建设契合协调区域发展总体战略，能够有效带动鄂湘赣三省协同发展，受到国家和地方的高度重视，长江中游城市群迅速进入实质性探索开发建设阶段。

（二）深入探索阶段（2012—2014年）：中央和地方上下联动，积极推进长江中游城市群建设

随着中部崛起战略的深入推进，鄂湘赣三省特别是省会城市联系进一步加强，国家逐步确立长江中游城市群战略，随着长江经济带国家重大战略的提出，长江中游城市群范围和建设任务逐渐明晰，成为支撑中部崛起战略和长江经济带战略的重要支点。2012年8月，国务院出台《关于大力实施促进中部地区崛起战略的若干意见》，鼓励和支持武汉城市圈、长株潭城市群和环鄱阳湖城市群开展战略合作，促进长江中游城市群一体化发展，国家首次正式明确提出长江中游城市群，试图将长江中游城市群建设成中部地区一体化协同发展的引领示范区。2013年2月，首届长江中游城市群省会城市会商会召开，联合发布"武汉共识"，达成在区域发展战略规划、创新转型发展、生态文明建设等方面的合作共识。2013年8月，国家发改委召开长江中游城市一体化发展规划前期工作会议。2014年9月，国务院发布《关于依托黄金水道推动长江经济带发展的指导意见》，明确指出长江中游城市覆盖武汉城市群、环长株潭城市群和环鄱阳湖城市群，确立了长江中游城市群的"中三角"格局。长江中游城市群实际建设与顶层设计进入较为成熟的发展阶段，基本明确了长江中游城市群的主体范围、建设目标和主要任务，确定了长江中游城市群的主体功能。

（三）全面发展阶段（2015年至今）：确立国家战略，长江中游城市群综合支撑功能日益凸显

在长江经济带重大国家战略和中部崛起区域发展总体战略的推动下，长江中游城市战略地位显著提升，正式上升为国家战略，成为"三大战略"与"四大板块"的重要支撑，在协调区域发展、打造核心增长极、探索区域合作新模式、建设"两型"社会中发挥着重要的先行示范作用。2015 年 4 月，国家发改委《长江中游城市群发展规划》发布，其范围界限、战略定位、重点任务、发展目标等内容得以明确，标志着长江中游城市群正式上升为国家战略。2015 年 5 月，鄂湘赣三省签署《长江中游城市群战略合作协议》，提出要深入加强三省在城乡、产业、基础设施、生态文明、公共服务等领域的对接合作。2016 年 9 月，《长江经济带发展规划纲要》发布，指出长江中游城市群为长江经济带三大核心增长极之一，应加强三大城市组团资源互补、产业协作、城市互动、生态保护，建设成长江经济带的重要支撑。2016 年 12 月，《促进中部地区崛起"十三五"规划》提出应壮大长江中游城市群，打造支撑中部崛起的核心增长带，建设具有全球影响力的现代产业基地、全国重要创新基地、生态文明和绿色城镇化样板。长江中游城市群逐渐成为推动我国经济发展的新增长空间，转型升级、创新驱动和绿色发展的示范引领带，有力地支撑着长江经济带战略和中部崛起战略的深入推进。

可以看出长江中游城市群建设发展并非一个相对独立的国家战略，它服务于国家重大战略长江经济带建设和区域发展总体战略中部地区崛起，成为实现更高层级国家战略的重要载体和支撑带。以国家全面推进长江经济带战略、进一步深化推动中部崛起战略和深入推进新型城镇化建设为契机，长江中游城市群得以上升为国家战略，进入快速发展的新时期。绿色发展是"五大发展理念"的重要内容，也是新时期长江经济带、中部地区和新型城镇化建设的重要目标，所以大力推进生态文明建设，引领全国"两型"社会建设，实现全面绿色协调可持续发展，成为新时期长江中游城市群深入落实国家重大战略的题中应有之义。

二 长江中游城市群绿色发展绩效评估

长江中游城市群是中部地区和长江经济带的核心增长极，对全面推进绿色发展战略具有重要支撑作用。必须对长江中游城市群绿色发展绩效进行科学评估，以全面厘清并充分把握长江中游城市群绿色发展的特点、规律及演进趋势，明确长江中游城市群绿色发展的着力点和政策取向，为探究长江中游城市群绿色发展有效提升路径提供科学依据。

（一）评估方法

1. 绿色发展研究述评

随着传统经济增长带来的环境污染破坏问题愈益严重，资源环境与经济社会发展之间的矛盾愈益突出，人们的环境意识逐渐觉醒，越发认识到实现环境、经济、社会协调可持续发展的必要性、重要性和紧迫性，实现绿色发展成为世界各国发展的共识。学术界关于绿色发展的研究正是伴随着环境问题的凸显与人类环保意识的觉醒而展开的。

学术界有关绿色发展研究已形成较为丰富的系统研究成果，主要集中在以下四个层面：一是关于绿色发展的内涵研究。虽然到目前为止学术界依然未就绿色发展内涵形成统一的概念界定，但现有研究成果对绿色发展认识却有着本质共识，认为绿色发展是一种低碳、循环、生态、环保、健康的包容性可持续发展模式，强调在实现经济发展的过程中特别注重节约资源和环境保护，不以牺牲生态效益为代价实现经济效益和社会效益，包含"经济发展、资源节约和环境保护、社会福利增进"三大核心要素（Krichevskiy，2015；王海芹和高世楫，2016）。二是通过构建绿色发展评价指标体系对区域或产业绿色发展水平进行评价分析，结果往往表明绿色发展水平与经济发展基础呈正相关关系。就区域而言，大都集中在全国整体和封闭或缺乏内生联系的省域、市域、县域的绿色发展水平，对具有内生联系的城市群绿色发展水平研究相对较少（Shao et al.，2016）；就产业而言，大都集中在非期望产出较多、环境压力较大的工业与农业绿色发展，环境友好型、资源消耗少的服务业并非绿色发展产业改进重点（孙根紧等，2017）。三是基于生产函数理论建构包含能源投入和非期望产出的投入产出指标体系，基于改进DEA模型（主要是SBM和RAM模型）对区域和产业绿色发展效率进行测度。由于生产函数一般只包含劳动、资本、技术、能源、期望产出（GDP）、非期望产出（废水、废气、固废）等要素，所以绿色发展效率测度的指标体系较绿色发展水平的评价指标体系简易得多，是对现实生产活动的高度抽象反映，但其模型求解过程则复杂得多（岳书敬等，2015；吴旭晓，

2016）。四是关于绿色发展的思路与推进路径。大都基于政府、企业、个人绿色发展实施主体的三维视角，政府需采取加强绿色发展顶层设计，建立健全绿色发展法律法规体系，强化绿色发展规划引领作用，发挥绿色税收杠杆调节作用，发展壮大绿色新兴产业等措施；企业需采取加强绿色技术开发和运用、提高资源利用效率、降低污染排放等措施；个人需培养绿色生活方式，强化节约资源、保护环境、理性消费的绿色发展意识（Mathews，2012；李雪娇和何爱平，2016）。

综上所述，学术界关于绿色发展已形成较为系统的研究体系，可为本文评估长江中游城市群绿色发展绩效提供重要参考。本文的出发点是长江中游城市群绿色发展绩效，主要集中于第二个层面绿色发展绩效评估和第四个层面绿色发展的推进路径研究。通过对长江中游城市群绿色发展进展的深入系统研究，全面把握长江中游城市群绿色发展脉络，厘清长江中游城市群绿色发展的薄弱地区与改进方向，加快长江中游城市群乃至整个长江经济带和中部地区绿色发展进程。

2. 绿色发展评价体系建构

评价长江中游城市群绿色发展水平，必须构建一套科学健全的绿色发展评价指标体系，以充分反映长江中游城市群绿色发展进展，特别是包括资源节约状况、环境保护强度、经济增长质量和居民生活福利等绿色发展内涵的核心内容。学术界既有的绿色发展研究成果和政府的绿色发展顶层设计为本报告提供了重要经验和启迪（见表1）。向书坚和郑瑞坤（2013）基于绿色生产指数、绿色消费指数和生态健康指数三个维度筛选77个指标构建中国绿色经济发展指数评价指标体系。曾贤刚和毕瑞亨（2014）基于经济转型有效性、资源利用绿色度、进步和福祉实现度三个维度选取32个指标构建30个省（区、市）的绿色经济评价指标体系。于成学和葛仁东（2015）基于资源环境、自然资源、环境政策与投资三个维度选取49个指标构建辽宁省绿色发展水平评价指标体系。张欢等（2016）基于绿色美丽家园、绿色生产消费、绿色高端发展三个维度选取24个指标构建湖北省地级及以上城市、自治州绿色发展评价指标体系。除学者外，诸多权威机构也对绿色发展评价指标体系进行了有益探索，最为著名的当属北京师范大学经济与资源管理研究院等三家研究机构自 2010 年以来连续发布的 7 部《中国绿色发展指数报告》。经过不断完善，三家研究机构（2016）在最新版的《2016 中国绿色发展指数报告——区域比较》中基于经济增长绿化度、资源环境承载潜力和政府政策支持度三个维度选取 62 个与 45 个指标分别构建 30 个省（区、市）和 110 个环保部公布的环境监测重点城市的绿色发展指数评价指标体系。国家为全面把握生态文明建设进展，也出台了系列绿色规划和考核指标体系，其中涵盖内容最全面、权威性最高的是 2016 年 12 月国家发展改革委等四部委为落实中央《生态文明建设目标评价考核办法》所制定的绿色发展指标体系，包含资源利用、环境治理、环境质量、生态保护、增长质量、绿色生活、公众满意度七大层面 56 个指标。① 这里根据绿色发展的基本内涵，参考借鉴学术界已有研究成果和国家绿色发展顶层设计，遵循指标体系的科学性、全面性、代表性、实用性和可操作性等原则，从资源利用、环境治理、增长质量、绿色生活四个维度选取 28 个指标构建长江中游城市群绿色发展评价指标体系（见表 2）。

表 1　学术界及国家关于绿色发展评价指标体系的代表性研究成果

作者	研究单元	一级指标	指标数
向书坚等（2013）	全国	绿色生产指数、绿色消费指数、生态健康指数	77
曾贤刚等（2014）	30 个省（区、市）	经济转型有效性、资源利用绿色度、进步和福祉实现度	32
于成学等（2015）	辽宁省	资源环境、自然资源、环境政策与投资	49
张欢等（2016）	湖北省 13 个地级及以上城市、自治州	绿色美丽家园、绿色生产消费、绿色高端发展	24

① 由于"公众满意度"主观性较高，不参与计算，实际绿色发展指标体系只包括前六大层面的 55 个指标，"公众对生态环境质量满意程度"指标数值由国家统计局另行抽样调查获取，纳入对省级政府五年一次的生态文明建设考核目标体系。且由于数据等原因，不含港澳台地区。

续表

作者	研究单元	一级指标	指标数
北京师范大学经济与资源管理研究院等（2016）	30个省（区、市）与110个环境监测重点城市	经济增长绿化度、资源环境承载潜力、政府政策支持度	62、45
国家发展改革委等（2016）	31个省（区、市）	资源利用、环境治理、环境质量、生态保护、增长质量、绿色生活、公众满意度	56

资料来源：根据相关文献整理编制。

表2　长江中游城市群绿色发展评价指标体系

目标层	准则层	指标层	属性	量纲	权重
绿色发展指数	资源利用	用水普及率（A1）	正向	%	0.00185
		燃气普及率（A2）	正向	%	0.00367
		一般工业固体废弃物综合利用率（A3）	正向	%	0.00584
		单位GDP建设用地面积（A4）	负向	hm²/亿元	0.00414
		单位GDP工业废水排放量（A5）	负向	万t/亿元	0.00187
		单位GDP工业二氧化硫排放量（A6）	负向	t/亿元	0.00309
		单位GDP工业烟（粉）尘排放量（A7）	负向	t/亿元	0.00063
	环境治理	污水集中处理率（B1）	正向	%	0.01403
		建成区排水管道密度（B2）	正向	km/km²	0.06586
		生活垃圾无害化处理率（B3）	正向	%	0.00572
		单位GDP工业烟（粉）尘去除量（B4）	正向	t/亿元	0.05205
		每万人拥有市容环卫专用车辆设备总量（B5）	正向	台/万人	0.09024
		人均道路清扫保洁面积（B6）	正向	m²/人	0.05442
		人均城市建设维护资金支出（B7）	正向	元/人	0.07789
	增长质量	人口密度（C1）	正向	人/km²	0.04358
		经济密度（C2）	正向	万元/km²	0.07385
		人均GDP（C3）	正向	元/人	0.04108
		人均固定资产投资额（C4）	正向	元/人	0.05137
		规模以上工业企业平均利润（C5）	正向	万元/个	0.04881
		科学技术和教育支出占公共财政支出比重（C6）	正向	%	0.01120
		人均利用外资（C7）	正向	元/人①	0.06224

续表

目标层	准则层	指标层	属性	量纲	权重
绿色发展指数	绿色生活	建成区绿化覆盖率（D1）	正向	%	0.00805
		人均绿化覆盖面积（D2）	正向	m²/人	0.03646
		人均道路面积（D3）	正向	m²/人	0.01134
		每万人在校大学生数（D4）	正向	个/万人	0.09904
		每万人拥有公厕数（D5）	正向	座/万人	0.04654
		每千人拥有医院、卫生院床位数（D6）	正向	张/千人	0.02903
		每百人公共图书馆藏书（D7）	正向	册/百人	0.05608

注：由于长江中游城市群各城市人口数量、经济总量、土地面积差异较大，故本指标体系选用相对指标表征长江中游城市群各城市绿色发展水平。

① "人均利用外资"指标数据单位原应为美元/人，但考虑到外资价格平减与其实际用途等因素，本文先通过美元兑人民币平均汇率将其单位转为人民币，然后通过各省固定资产投资价格指数平减以得到人均实际利用外资数据。

3. 绿色发展指标数据来源

这里以《长江中游城市群发展规划》确定的 31 个城市作为研究对象具体范围，由于湖北省天门、仙桃、潜江 3 个省直管市数据缺失，最终实际选取湖北省武汉市、黄石市、鄂州市、黄冈市、孝感市、咸宁市、仙桃市、潜江市、襄阳市、宜昌市，湖南省长沙市、株洲市、湘潭市、岳阳市、益阳市、常德市、衡阳市、娄底市，江西省南昌市、九江市、景德镇市、鹰潭市、新余市、宜春市、萍乡市、上饶市、抚州市、吉安市 28 个地级及以上城市作为长江中游城市群绿色发展水平的基本测度单元。

以国家提出建设"两型"社会的 2005 年为研究起点，选取 2005—2015 年为研究时段。各项指标基础数据来自中国统计出版社出版的《中国统计年鉴》（2006—2016）、《中国贸易外经统计年鉴》（2006—2016）、《湖北统计年鉴》（2006—2016）、《湖南统计年鉴》（2006—2016）、《江西统计年鉴》（2006—2016）、《中国城市统计年鉴》（2006—2016）、《中国城市建设统计年鉴》（2005—2015）。涉及市场价值的指标均采用以 2005 年为基期的各省市定基物价指数平减后的实际值。

4. 绿色发展指标权重确定

构建绿色发展评价指标体系后，仍需确定各指标对应权重，以准确测算各层次及整体绿色发展的具体水平。确定权重的方法大体有三类：主观赋权法，如层次分析法、德尔菲法；客观赋权法，如主成分分析法、熵值法、变异系数法；主客观组合赋权法。为充分保证绿色发展绩效评估过程客观公正，深度挖掘绿色发展评价指标信息，比较长江中游城市不同维度绿色发展水平，本文选用客观赋权法中的熵值法确定指标权重。由于熵值法在确定指标权重过程中已被广泛使用，这里不再赘述权重确定具体过程①，权重结果见表2。

（二）评估结果

采用熵值法确定的指标权重与资源利用、环境治理、增长质量、绿色生活对应指标的乘积评估 2005—2015 年长江中游城市群绿色发展水平，并将评估结果采用 ArcGIS 10.3 软件基于自然断裂法分为高水平区、中水平区和低水平区，全面反映长江中游城市群绿色发展的时空变迁（见表3）。

表3 2005—2015 年长江中游城市群绿色发展水平

I/T	2005 年	2006 年	2007 年	2008 年	2009 年	2010 年	2011 年	2012 年	2013 年	2014 年	2015 年
WH	0.132	0.136	0.151	0.166	0.173	0.196	0.212	0.240	0.255	0.270	0.291
YJJX	0.085	0.089	0.102	0.110	0.117	0.124	0.154	0.176	0.186	0.209	0.225
HCZT	0.105	0.113	0.123	0.134	0.145	0.159	0.179	0.199	0.214	0.214	0.228
HPYH	0.103	0.116	0.131	0.146	0.157	0.181	0.255	0.218	0.215	0.229	0.237
CJZY	0.107	0.115	0.129	0.142	0.151	0.169	0.210	0.211	0.219	0.231	0.244

注：为节约篇幅，采用拼音字母缩写，I 表示地区；T 表示时间；WH 表示武汉城市圈；YJJX 表示宜荆荆襄城市群；HCZT 表示环长株潭城市群；HPYH 表示环鄱阳湖城市群；CJZY 表示长江中游城市群，表4、5、6、7字母含义同表3。以城市群内各城市绿色发展水平平均值表征城市群绿色发展水平。

1. 绿色发展水平评估

由表3可知：第一，长江中游城市群绿色发展水平整体呈现平稳较

---

① 由于熵值法求取权重需对标准化后指标值取对数，为避免零值出现，本文将正向化标准化指标值向上平移 0.001 个单位。

快增长态势，由 2005 年的 0.107 上升至 2015 年的 0.244，增幅高达
128.0%。长江中游城市绿色发展水平呈现持续快速向好趋势，主要得益
于环境治理水平的提升、增长质量水平的提高和绿色生活水平的提高，
三者共同主导长江中游城市群绿色发展走向，而资源利用水平的改进对
绿色发展水平提升的贡献并不显著。

第二，长江中游城市群内部四大子城市群绿色发展水平同样呈现高
速增长态势，但城市间绿色发展绩效差异显著，绿色发展差距呈略微扩
大趋势。武汉城市圈绿色发展水平受益于武汉市的强力拉动长期领先于
其他地区；宜荆荆襄城市群由于缺乏中心城市的带动而整体发展水平相
对较低；环鄱阳湖城市群较好地处理经济增长与生态保护间的稳态关系
而绿色发展水平较高；而环长株潭城市群在一定程度上忽略了生态文明
建设，追求高速经济增长和居民福利改善，绿色发展能力未能充分释放。

第三，长江中游城市群城市间绿色发展水平呈现典型的中心、次中
心、边缘城市的三级中心外围层级分布格局趋势，中心城市与次中心城
市相互连接组团形成三大绿色发展增长极。武汉、长沙、南昌三大中心
城市经济实力雄厚、科教资源密集、生产技术先进、环境投入充分，绿
色发展水平遥遥领先于其他城市，构成长江中游城市群绿色发展核心增
长极。湘鄂赣三省重点打造建设的宜昌、襄阳、鄂州、黄石、湘潭、株
洲、新余、萍乡等次中心城市，构成长江中游城市群绿色发展的第二梯
队。其余外围城市绿色发展要素稀缺并流向中心城市，绿色发展水平相
对较低。处于工业化中期，长江中游城市群绿色发展要素向中心城市集
聚，城市间绿色发展差距会进一步拉大，中心城市的绿色发展红利扩散
效应较弱。

2. 资源利用水平评估

由表 4 可知：第一，长江中游城市群资源利用水平呈缓慢增长态势，
由 2005 年的 0.014 上升至 2015 年的 0.018，增幅只有 28.6%，特别是自
2011 年以来，资源利用水平几乎处于停滞状态，无论是绝对水平还是增
长速度均为绿色发展四大子系统末位。长江中游城市群资源利用水平在
当前生产技术条件下已接近临界水平，进一步提升空间有限，绿色发展

的边际贡献较小。在既定生产模式下，提升资源利用水平并非推进长江中游城市群绿色发展的有效手段；大力革新推广绿色生产技术，拓展生产函数边界，方能大幅提升资源利用水平，加快区域绿色发展进程。

表4　2005—2015 年长江中游城市群资源利用水平

I/T	2005 年	2006 年	2007 年	2008 年	2009 年	2010 年	2011 年	2012 年	2013 年	2014 年	2015 年
WH	0.015	0.015	0.016	0.017	0.018	0.018	0.018	0.018	0.018	0.018	0.018
YJJX	0.015	0.014	0.017	0.017	0.017	0.018	0.018	0.018	0.018	0.018	0.017
HCZT	0.014	0.015	0.015	0.016	0.017	0.017	0.018	0.019	0.019	0.019	0.019
HPYH	0.013	0.014	0.015	0.016	0.016	0.017	0.018	0.018	0.018	0.018	0.018
CJZY	0.014	0.014	0.016	0.017	0.017	0.017	0.018	0.018	0.018	0.018	0.018

第二，长江中游城市群内部四大子城市群资源利用水平呈现明显的趋同态势，初始资源利用水平较低的城市群表现出的资源利用改进提升速度高于初始水平较高的城市群，并最终达到稳态，维持在 0.018 的稳态水平上下轻微波动。武汉城市圈和宜荆荆襄城市群资源利用初始水平较高，但逐渐被环长株潭城市群和环鄱阳湖城市群赶超，反映出初始生产技术较低的地区资源利用水平提升空间相对较大，可以低成本引进消化吸收临近地区高水平生产技术，迅速改进生产技术并实现资源利用水平的赶超，但进一步自主研发绿色生产技术成本较高，资源利用效率水平最终趋于稳态水平。

第三，长江中游城市群城市间资源利用水平呈现稳定的高水平网络化均衡分布格局。武汉城市圈和宜荆荆襄城市群资源利用中高水平地区存在一定收缩，而环鄱阳湖城市群和环长株潭城市群中高水平地区则大幅扩张。与表4反映的内容吻合，长江中游城市群资源利用水平整体较高，所以低水平城市较少，以中高水平城市为主，呈现明显的良性网络化均衡分布格局。但湖北宜昌、荆州、黄石等城市，因矿产、能源资源不合理开发以及承接部分低端产业转移，资源利用水平相对增长缓慢，导致长江中游城市群资源利用重心由北逐渐向南移动。

3. 环境治理水平评估

由表5可知：第一，长江中游城市群环境治理水平整体呈较快增长态势，由2005年的0.036快速上升至2015年的0.067，增长86.1%，环境治理力度不断加强。可以看到，环境治理水平并非稳步增长，在2006年与2012年均出现环境治理水平下降的情况，这主要是由环境治理的自身特点所决定的。环境治理需要较大的人力、资金、技术投入，而其经济效益往往在短期内难以获取，所以环境治理投入易受到经济主体自身条件和外部环境变化影响而出现较大波动，对于处于工业化中期经济基础相对较弱的长江中游城市群更是如此。

表5　2005—2015年长江中游城市群环境治理水平

I/T	2005 年	2006 年	2007 年	2008 年	2009 年	2010 年	2011 年	2012 年	2013 年	2014 年	2015 年
WH	0.038	0.033	0.037	0.042	0.042	0.053	0.052	0.053	0.070	0.076	0.087
YJJX	0.025	0.023	0.028	0.031	0.033	0.034	0.046	0.052	0.050	0.068	0.077
HCZT	0.035	0.032	0.033	0.034	0.036	0.038	0.044	0.052	0.057	0.050	0.052
HPYH	0.038	0.037	0.040	0.045	0.046	0.054	0.114	0.069	0.058	0.063	0.064
CJZY	0.036	0.033	0.036	0.040	0.040	0.046	0.071	0.059	0.059	0.063	0.067

第二，长江中游城市群内部四大子城市群环境治理水平也保持增长态势，但各城市群间增长速度差异显著，环境治理水平呈发散趋势。武汉城市圈依托武汉市雄厚的经济基础与先进的技术水平，持续加大环境治理力度，加快"两型"社会建设，环境治理水平长期居于首位。宜荆荆襄城市群位于鄂西生态文化旅游圈，在经济发展过程中尤为注重环境治理问题，将生态环境作为鄂西地区最宝贵的资源，建设宜居城市、旅游城市、生态城市，稳步加大环境投入，环境治理水平呈高速增长态势，仅次于武汉城市圈。环长株潭城市群和环鄱阳湖城市群在经济发展过程中弱化了对环境问题的治理，环境治理水平提升速度相对缓慢，特别是前者的高耗能产业一直是其支柱产业和盈利产业，其对环境治理关注度不够。

第三，长江中游城市群城市间环境治理中高水平地区由南逐渐向北转移，逐渐转移至武汉城市圈和宜荆荆襄城市群核心区，环长株潭城市群和环鄱阳湖城市群逐渐成为环境治理的边缘地区，这种转移趋势与资源利用中心转移趋势恰好相反。环境治理特点与资源利用不同，资源利用水平的快速提升可以通过低成本地引进消化吸收高水平地区的技术扩散，成本低而效率高，但是环境治理水平的提升则需投入大量的环境生产要素，对于生态容量较大且正处于工业化中期的环长株潭和环鄱阳湖城市群，投入过多的稀缺生产要素至生态环境所获取的综合收益较低，持续而高速的经济增长可能才是更重要的。

4. 增长质量水平评估

由表6可知：第一，长江中游城市群增长质量水平呈平稳迅猛增长态势，由2005年的0.028猛升至2015年的0.098，增幅高达250.0%，远远高于绿色发展其他指标的增长速度。由此反映出增长质量水平构成长江中游城市群绿色发展最强劲的推动力量，长江中游城市群在实现绿色发展过程中始终将提升经济增长质量水平作为最重要任务，主抓经济增长并取得较好成绩。值得一提的是，增长质量水平的稳定高速增长也侧面反映了长江中游城市群的经济发展模式并非简单的粗放型规模扩张，实现质量效率型集约增长一直都是经济发展的重要努力方向。

表6 2005—2015年长江中游城市群增长质量水平

I/T	2005年	2006年	2007年	2008年	2009年	2010年	2011年	2012年	2013年	2014年	2015年
WH	0.039	0.043	0.050	0.056	0.059	0.066	0.078	0.089	0.099	0.105	0.114
YJJX	0.022	0.023	0.028	0.031	0.032	0.037	0.051	0.062	0.068	0.073	0.081
HCZT	0.026	0.029	0.035	0.041	0.047	0.055	0.066	0.074	0.082	0.086	0.097
HPYH	0.025	0.030	0.037	0.044	0.048	0.061	0.073	0.079	0.086	0.092	0.097
CJZY	0.028	0.031	0.038	0.044	0.048	0.057	0.069	0.077	0.085	0.090	0.098

第二，长江中游城市群内部四大子城市群增长质量水平呈稳步高速增长态势，初始水平较低的子城市群增长速度略高于初始水平较高的子城市群，产生一定的追赶效应，但是这种追赶效应还不足以强到产生趋同收敛趋势，城市群间的增长质量差距并未缩小。武汉城市圈经济基础条件相对较好，优质生产要素密集，增长质量长期稳居四大子城市群首

位，也是唯一一个增长质量水平突破0.1的城市群。宜荆荆襄城市群由于缺乏中心城市引领带动，经济基础相对薄弱，尽管增长速度较高，但增长质量水平仍然偏低。环长株潭城市群和环鄱阳湖城市群资源禀赋条件接近，经济基础差距较小，增长质量水平提升速度基本一致，绝对水平大体相当。

第三，长江中游城市群城市间增长质量水平呈明显的集聚分布趋势，中心城市与次中心城市逐渐趋同形成若干中高水平城市组团，构成典型中心–外围格局。武汉、长沙、南昌三大中心城市始终为长江中游城市群增长质量水平核心增长极，以三大核心增长极为中心，向周边区域性中心城市如黄石、鄂州、株洲、湘潭、九江等城市拓展，逐渐形成高水平增长质量城市组团。多中心网络化均衡分布并非长江中游城市群增长质量水平空间分布趋势，而多中心组团集聚发展才是当前和今后一个时期增长质量水平格局发展的主要方向，这种分布格局趋势仍是由长江中游城市群所处的工业化中期发展阶段所具有的要素集聚特点决定。

5. 绿色生活水平评估

由表7可知：第一，长江中游城市群绿色生活水平整体呈平稳较快增长态势，由2005年的0.030逐步上升至2015年的0.061，增长103.3%，增速次于增长质量水平、绿色发展水平。提升居民绿色生活水平是绿色发展的最终归宿，而增长质量的提高则是增进居民绿色生活获得感的物质保障和有效手段，长江中游城市群较好地处理了经济增长与居民生活水平提升之间的关系。在保证维持扩大再生产所需的积累外，尽量将发展的成果用于提升居民公共服务与社会福利，满足居民日益增长、不断升级和个性化的物质文化与生态需求，增加居民绿色生活的幸福感，在居民生活水平较低的早期，绿色生活水平提升速度尤为显著。

表7 2005—2015年长江中游城市群绿色生活水平

I/T	2005 年	2006 年	2007 年	2008 年	2009 年	2010 年	2011 年	2012 年	2013 年	2014 年	2015 年
WH	0.039	0.045	0.047	0.051	0.054	0.059	0.063	0.065	0.068	0.071	0.072
YJJX	0.023	0.029	0.029	0.031	0.034	0.036	0.039	0.045	0.049	0.050	0.050

续表

I/T	2005 年	2006 年	2007 年	2008 年	2009 年	2010 年	2011 年	2012 年	2013 年	2014 年	2015 年
HCZT	0.030	0.037	0.040	0.043	0.045	0.047	0.052	0.054	0.056	0.059	0.060
HPYH	0.027	0.036	0.039	0.041	0.047	0.048	0.051	0.052	0.054	0.056	0.059
CJZY	0.030	0.037	0.039	0.042	0.046	0.049	0.052	0.054	0.057	0.059	0.061

第二，长江中游城市群内四大子城市群也表现出较快的增长态势，增长速度与绿色生活初始水平呈负相关关系，且增速有变缓迹象，逐渐趋于收敛，使子城市群间的绿色生活水平差距保持相对稳定。武汉城市圈绿色生活水平稳居四大子城市群首位，但增长速度最慢；宜荆荆襄城市群尽管前期增速较高，但由于缺乏中心城市带动，增速逐渐停滞，绿色发展水平居于四大子城市群末位。与增长质量水平发展趋势相同，环长株潭城市群和环鄱阳湖城市群绿色生活水平保持大体相当水平，绿色生活水平有趋同趋势。

第三，长江中游城市群城市间绿色生活水平空间分布有明显的向中心城市点状集聚趋势，未能形成完整的良性高水平城市组团。点状集聚趋势表明长江中游城市群城市间绿色生活水平差距呈扩大趋势，绿色公共资源和公共服务主要集中于少数增长极，特别是武汉、长沙、南昌三大中心城市和黄石、鄂州、宜昌、株洲、湘潭、新余等副中心城市，而其他边缘落后城市没有条件推行高水平绿色公共服务，在教育、医疗、文化、绿化等基本公共服务方面与中心城市和副中心城市绿色生活水平差距越来越大，中心城市未能对外围城市产生良好的协同带动作用。

三　长江中游城市群绿色发展的困境

长江中游城市群绿色发展仍面临着诸多现实困境和严峻挑战，特别是产业结构重化工化、农村面源污染凸显、绿色科技创新体系滞后、绿色发展协调机制不健全等难题，成为阻碍长江中游城市群绿色发展的瓶颈。

（一）重化工比重偏高，工业绿色发展压力大

长江中游城市群绿色发展的核心是转变经济发展方式，形成节约能源资源和保护环境的产业结构和增长方式，构建资源节约型与环境友好型社会。2015 年，长江中游城市群三次产业产值之比为 9.63 : 50.52 : 39.85，经济增长主要依靠第二产业带动。从产业内部结构来看，钢铁、装备制造、电力、石化等传统的重型产业比重较高，石油加工、炼焦及核燃料加工业，化学原料及化学制品制造业，非金属矿物制品业，黑色金属冶炼及压延加工业，有色金属冶炼及压延加工业，电力、热力的生产和供应业这六大高能耗的工业行业在工业总产值中占比较大，而科技含量高、产品附加值较高的行业发展相对不足。长江中游城市群的产业结构特征决定了长江中游城市群工业对投资的依赖程度较高，资源与能源消耗较大，"高污染、高耗能、高排放"的产业不利于可持续发展。

武汉城市圈、环长株潭城市群、环鄱阳湖城市群均以重工业为支柱，作为重工业基地，环境污染日益突出，已成为长江中游城市群发展的瓶颈，节能减排的形势十分严峻。在经济新常态下，长江中游城市群亟须转变经济发展方式，推进供给侧结构性改革，促进经济转型升级，推动长江中游城市群绿色发展。然而，长江中游城市群产业重型化趋势改变难度较大，工业绿色发展压力较大。如何在保持工业化高速发展的同时抑制二氧化碳排放的增速，实现绿色增长是长江中游城市群发展所面临的巨大挑战。

（二）农村面源污染形势严峻，农业绿色发展任务重

目前，长江中游城市群农村生态环境系统退化问题日益凸显，农业面源污染物排放总量和增长速度均维持在高位区间。突出表现为农业面源污染形势严峻，畜禽养殖污染物排放量巨大，农村工矿污染凸显，农村生活污染局部增加。农村生活垃圾一般被直接丢弃，而农村又难以进行垃圾回收清理，造成垃圾日益包围农村。垃圾的随意丢弃不仅严重影响村容村貌，更加剧农村空气、地表水和地下水的污染程度，成为农村环境最大的污染源之一。长江中游城市群在耕地减少的同时，化肥、农药和塑料使用量急剧上升，面源污染具有分散化、难以集中控制的特点，

由于农村长期缺乏技术和培训指导，农民因怕减产而盲目依赖化肥，过量施用普遍，结果造成土壤肥力下降，环境恶化，陷入恶性循环。农药与化肥一样，均为农业生产的重要生产资料，也是一把双刃剑，杀死害虫的同时也给人类生产的环境带来较大的影响，污染大气、水环境，破坏生态景观。

长江中游城市群农业以传统农业为主，农业投入不足，基础设施建设滞后；农产品质量不高，加工值率偏低；市场信息不灵，销售渠道不畅；农业组织化程度低，生产经营规模小。长江中游城市群种植产量高，但经济效益偏低，需由"量"向"质"转变，建设国家粮棉油基地。引导农民改变惯用的耕作习惯、推广新型的农业生产模式，需要大量的人力、财力和物力的投入。

（三）绿色科技创新体系亟待完善，绿色发展的科技推动力不足

推进绿色发展必须具有完善的科技创新体系支撑，但当前长江中游城市群在原始创新和创新应用转化过程中均存在诸多问题。长江中游城市群以企业为主体、市场为导向、产学研结合的科技创新体系尚未完善。

长江中游城市群市场化程度偏低，导致科研供给与市场需求的联动机制弱化，强大的科技实力和科研潜力难以有效地转化为生产力。长江中游城市群高技术产业的发展与其科教资源优势不匹配，丰富的科教资源和人力资本没有充分得到利用，科技创新的潜力尚待进一步发掘。科技成果转化能力不足，造成大量的研发投入和人力投入浪费，成为制约长江中游城市群高技术产业发展的突出因素。创新需要灵活的机制，对市场和技术变化做出快速反应，中小企业在创新中起着重要的作用，长江中游城市群的高技术产业中，中小企业和民营企业总量相对不足，成长性差，没能充分发挥中小企业应有的优势。

长江中游城市群技术创新投入不足，基础研究相对薄弱，不利于技术创新的长期积累。科技创新往往是以无形知识形态出现的，而无形知识容易被模仿，以致创新主体的创新成果得不到充分的保护，创新主体缺少创新的动力。技术创新的知识产权体系不够完善，影响了企业创新的积极性。

（四）绿色发展内生机制尚不健全，绿色发展体制机制滞后

推进"新型工业化、城镇化、信息化、农业现代化、绿色化"协同发展是我国生态文明建设的基本要求，也是实施绿色发展理念和战略的必然要求和基本路径。然而，长江中游城市群经济增长方式粗放，资源环境领域产权制度不健全，价格机制未能充分发挥作用。政府、企业、组织与个人均为绿色发展的主体，每个主体都是系统的有机组成部分，多元主体共同推进公共事务的协同治理进程。只有充分保证各主体参与行为的有效性和参与质量，才能实现协同治理的效果。一旦各绿色发展参与主体在地位上不平等，职责任务不明确，合作与协调不力，利益分配不均衡，就会影响绿色协同治理的效果。

推动良性的绿色发展必须形成科学有效的监督制约机制，作为支撑绿色发展的社会环境基础。长江中游城市群绿色发展监督制约机制弱化，主要表现为政府监督制约机制弱化和新闻媒体监督弱化。一方面，上级政府对下级政府、本级政府对相关部门或企业高耗能、高排放、高污染的粗放型经济增长方式缺乏有效的监督和制约，使得一些地区摊大饼、拼资源的低效率行为广泛存在。另一方面，新闻报纸媒体对经济粗放发展所取得的"成绩"频频宣扬，而对经济粗放型增长所造成的能源资源浪费和环境污染破坏鲜有披露，未能发挥应有的舆论监督作用。政府与媒体的绿色监督功能弱化，不利于长江中游城市群走绿色发展道路。

四　长江中游城市群绿色发展绩效提升路径

结合长江中游城市群绿色发展演进规律和现实困境，必须从绿色城市、绿色开发区、绿色产业、污染联控、绿色生态政治等方面着手全面提升长江中游城市群绿色发展绩效。

（一）大力推进绿色城市建设

一是推进城市建设绿色化。严格控制城市建设用地规模无序扩张，加强对城市"三区四线"规划管理，保证充裕的城市生态用地，平稳扩大城市生态空间，修复城市河湖水系，努力维护城市生态系统的原真性，

保护长江中游城市群城市山水特色。统筹规划推进城市地上地下空间综合立体开发，加强城市地下综合管廊建设，建立健全包括消防、人防、防洪、防震和防地质灾害等功能在内的城市综合防灾体系。强化新型城镇化过程中的绿色、协调、高效、低碳、安全开发理念，稳步推广低冲击城市开发模式，加快建设海绵城市、森林城市和绿色低碳生态城区。大力发展绿色清洁能源，推广使用绿色建筑和绿色建材，构建绿色综合交通运输体系。

二是提高资源利用效率。以节能、节水和节地为重点，强化重点开发区域的城市重要资源总量利用控制，不断优化城市资源利用结构和加强增速控制，提高单位土地投资强度和产出效益。加快推动资源循环利用，严格控制高耗能、高排放行业低水平盲目扩张和重复建设，发展壮大建设城市静脉产业基地，提升城市资源总体利用水平和效率。加强关键、共性和前沿节能降耗减排新技术、新工艺的研发与应用合作，联合组织实施重点节能技术改造攻关项目，全面推进交通、建筑等重点工程建设领域节能改造。

（二）促进开发区绿色转型发展

一是加强生态工业示范园区建设。基于园区所在区域条件禀赋，特别是产业、资源、政策、环境等独特优势，重点发展具有区域特色的高技术产业、战略新兴产业、先进制造业和现代服务业，促进产业间物质、能力、信息、技术、人力资本等要素的集成共享。培育多行业协同发展的产业集群，建立良好的绿色产业生态网络系统，有效缓解长江中游城市群发展面临的生态环境退化和绿色创新动能不足压力。

二是推进工业园区循环化改造工程建设。按照"减量化、再利用、资源化"循环经济发展原则，转变能源资源开发利用方式，推动节水型、节能型、节地型、节材型产业发展。打通循环经济发展的关键产业链条，合理延展产业链条并实现循环链接，最大限度地降低园区能耗、水耗强度和总量，逐步实现园区资源高效、持续、循环利用和废弃物"零排放"。切实转变产业结构和经济发展方式，促进经济发展方式由粗放型规模扩张向质量型效益提升转变，增强长江中游城市群低碳、循环、绿色发展能力。

(三) 创新驱动产业绿色化发展

一是健全产业准入负面清单制度。加快建立与落实沿江地区产业准入负面清单制度，沿长江干线与主要支流（汉江、沅江、湘江、赣江、清江、信江等）沿线区县应根据当地河湖污染的产业来源及绿色发展需求，划定限制类和禁止类产业门类，特别是在沿江沿河近岸地区严格禁止批准重化工、造纸、建材、有色金属等高耗能高污染型工业企业项目，对存量污染企业限期整改或直接关停，严格保证江湖生态安全与生态稳定。加快建立并全面推进重点生态功能区产业准入负面清单，根据本地具体生态功能区定位、资源禀赋条件、产业基础和生态保护需求，确定限制、禁止的产业类型和管制空间，制定具有针对性、指导性和可操作性的产业准入负面清单。对存量限制类工业企业关停并转或限期进行技术改造升级，对禁止类工业企业则即刻关停，最大限度地维护长江中游城市群整体生态稳定，恢复巩固提升生态功能，加快推进绿色发展进程。

二是强力推进绿色工业、绿色服务业和绿色农业发展。大力发展绿色工业，充分发挥长江中游城市的科教资源和制造业发展优势。发展壮大高端装备制造、新一代信息技术、节能环保、现代生物、新材料、新能源、新能源汽车等科技含量高、环境污染小、经济效益好的战略性新兴产业，培育绿色发展新动力。深度挖掘传统制造业绿色发展潜力，对长江中游城市群钢铁、有色金属、石化、纺织等传统高耗能高排放产业进行绿色化、低碳化、高端化技术改造，提高传统产业的绿色竞争力。优先发展绿色服务业，增强绿色发展服务功能。以中心城市和区域性中心城市为重点，优先发展绿色金融、现代物流、节能环保、大数据、云计算、生态旅游、创新文化等高技术、高附加值、零污染生产性服务业和生活性服务业，支撑实体绿色工业加速发展，满足居民多元化的绿色消费需求。加快发展绿色农业，促进农业现代化。大力发展生态友好型农业，逐步降低控制农药、化肥施用强度和总量，减少农业面源污染，提高农产品产量和质量；延伸传统农业产业链条，推进农村三次产业深度融合发展，提高农业综合生产效率，提升农民收入水平。

（四）加强跨区域环境污染联防联控

一是加快建构环境突发事件预警监测响应机制。当出现重大跨行政区域大气、水体与土壤污染环境事件时，湘鄂赣三省应立即采取行动联合处置环境安全突发事件，依托大数据互联网技术保持畅通的环境信息交流传递渠道，紧密配合当地水利、河道、环保部门，争取在最短时间内高效处理好环境污染事件，控制环境风险扩散。

二是加快设立长江中游城市群生态环境保护治理基金。生态文明建设特别是环境污染治理是一项耗资巨大的系统工程，但其长远发展意义重大，国家应鼓励和支持湘鄂赣三省联合设立专项资金用于开展长江中游城市群污染预防、控制与治理行动。加快建设长江中游城市群环境排污权交易中心，全面推动推进用水权、碳排放权、排污权交易，支持湖北碳排放权交易中心全面建设，鼓励新余等城市建设区域性碳排放权交易市场，逐步内化环境污染的负外部性，控制压缩排污总量。

（五）积极践行绿色生态政治

一是加快建立长江中游城市群绿色发展评价指标体系。参照国家绿色发展指标体系，考虑长江中游城市群绿色发展实际与需求，制定符合长江中游城市群主体功能定位与差异化发展导向的官方绿色发展评价体系，覆盖资源利用、环境治理、生态保护、增长质量、绿色生活和公众满意程度等绿色发展核心内容。实行每年测评一次，将测评结果向社会公布，并赋予适当权重纳入年终政绩综合考评体系。

二是健全落实领导干部环境损害责任追究制度。加快编制自然资源资产负债表，厘清长江中游城市群生态资源存量，为全面推进绿色发展与生态文明建设、有效保护与有序利用自然资源提供信息支撑、预警监测和决策依据。以自然资源资产负债表为依据，建立领导干部自然资源资产离任审计制度，深入开展领导干部自然资源资产离任审计，推动领导干部切实履行自然资源资产管理和生态环境保护责任。全面落实领导干部生态环境损害责任追究制度，特别是对长江中游城市群面临的突出水、大气和土壤污染等环境问题，切实规范约束领导干部在生态环境领域依法正确履职用权。

参考文献

［1］ Krichevskiy S.. Evolution of Technologies，"Green" Development and Grounds of The General Theory of Technologies［J］. Philosophy and Cosmology-Filosofiya I Kosmologiya，2015（1）.

［2］ 王海芹，高世楫. 我国绿色发展萌芽、起步与政策演进：若干阶段性特征观察［J］. 改革，2016（3）.

［3］ Shao S.，Luan R.，Yang Z.，et al.. Does Directed Technological Change Get Greener：Empirical Evidence from Shanghai's Industrial Green Development Transformation［J］. Ecological Indicators，2016，69（1）.

［4］ 孙根紧，钟秋波，郭凌. 我国生态友好型农业发展水平区域差异分析［J］. 山东社会科学，2017（1）.

［5］ 岳书敬，杨阳，许耀. 市场化转型与城市集聚的综合绩效——基于绿色发展效率的视角［J］. 财经科学，2015（12）.

［6］ 吴旭晓. 区域工业绿色发展效率动态评价及提升路径研究——以重化工业区域青海、河南和福建为例［J］. 生态经济，2016（2）.

［7］ Mathews J. A.. Green Growth Strategies：Korean Initiatives［J］. Futures，2012，44（8）.

［8］ 李雪娇，何爱平. 绿色发展的制约因素及其路径拿捏［J］. 改革，2016（6）.

［9］ 向书坚，郑瑞坤. 中国绿色经济发展指数研究［J］. 统计研究，2013（3）.

［10］ 曾贤刚，毕瑞亨. 绿色经济发展总体评价与区域差异分析［J］. 环境科学研究，2014（12）.

［11］ 于成学，葛仁东. 资源开发利用对地区绿色发展的影响研究——以辽宁省为例［J］. 中国人口·资源与环境，2015（6）.

［12］ 张欢，罗畅，成金华，等. 湖北省绿色发展水平测度及其空间关系［J］. 经济地理，2016（9）.

［13］ 北京师范大学经济与资源管理研究院，西南财经大学发展研究院，国家统计局中国经济景气监测中心. 2016 中国绿色发展指数报告——区域比较［M］. 北京：北京师范大学出版社，2016.

关于《长江中游城市群发展规划》 文本内容的若干评议[*]

摘 要：《长江中游城市群发展规划》对长江中游城市群一体化发展做了许多建设性的超前谋划，但规划文本在长江中游城市群空间范围、战略定位、发展目标、产业发展、公共服务共享等内容的表述上存在一些有待规范的问题。

关键词：长江中游城市群 发展规划 城乡统筹发展 公共服务共享

长江中游城市群于 2012 年上升为国家战略，长江中游城市群发展规划编制工作于 2014 年启动。2015 年 4 月 5 日国务院公布《国务院关于长江中游城市群发展规划的批复》，2015 年 4 月 16 日国家发展改革委发布《国家发展改革委关于印发长江中游城市群发展规划的通知》。《长江中游城市群发展规划》是《国家新型城镇化规划（2014—2020 年）》出台后国家批复的第一个跨区域城市群规划。在统筹实施东部、西部、东北、中部"四大板块"和"一路一带"、京津冀、长江经济带"三个支撑带"战略组合的新背景下，《长江中游城市群发展规划》的公布实施对推动长江中游城市群建设、长江经济带建设具有重大意义。

《长江中游城市群发展规划》（以下简称《规划》）文本除了"前言"外，包括"发展背景"、"总体思路"、"城乡统筹发展"、"基础设

---

* 曾原题刊载于《湖北经济学院学报》2015 年第 4 期。执笔人：吴传清、万庆、董旭。

施互联互通"、"产业协同发展"、"生态文明共建"、"公共服务共享"、
"深化开放合作"和"规划组织实施"九章。本文拟就《长江中游城市
群发展规划》文本的若干内容进行探索性评议，以期为地方政府编制规
划实施方案提供决策咨询参考。

一 长江中游城市群空间范围的表述

自学界在 1995 年提出"长江中游城市群"概念以来，学界、政界
和新闻界对长江中游城市群空间范围的界定众说纷纭，大体上可概括为
三种观点，即干流断面论、中心辐射论和三群合一论（见表 1）。

表 1 学术界关于长江中游城市群空间范围界定的代表性观点

	干流断面论	中心辐射论	三群合一论
代表性学者	伍新木等（2002）	肖金成等（2008）	秦尊文（2007，2010）、魏后凯等（2012）、方创琳（2013）
界定依据	以长江中游干流河段流经城市为主体构成的城市群体系	距离中心城市武汉 200 公里范围内的所有城市	整合既有城市群（圈）和经济区，并囊括长江中游干流其他城市
空间范围	主体包括宜昌、荆州、岳阳、武汉、鄂州、黄石、九江 7 个城市	包括武汉、黄石、鄂州、黄冈、仙桃、潜江、孝感、咸宁、天门、随州、荆门、荆州、信阳、九江、岳阳 15 个城市	包括武汉城市圈、环长株潭城市群、鄱阳湖生态经济区（环鄱阳湖城市群）、宜荆荆城市群，不同学者对于江西片区成员城市构成的观点略有差异

资料来源：整理自相关文献。

2010 年 12 月 21 日国务院印发的《全国主体功能区规划》将"长江
中游地区"划为国家层面的重点开发区域（重点进行工业化城镇化开发
的城市化地区），冀望通过工业化城镇化开发，使其与哈长、江淮、海
峡西岸、中原、北部湾、成渝、关中—天水等地区一道，形成若干新的
大城市群和区域性城市群。该规划将"长江中游地区"重点开发区域的
空间范围，明确界定为"包括武汉城市圈、环长株潭城市群、鄱阳湖生
态经济区"。由此，长江中游城市群雏形初现。尽管如此，学界、政界

和新闻界关于长江中游城市群空间范围的讨论并未终止。在 2014 年 9 月以前，湖北、安徽两省均呼吁长江中游城市群扩容，湖北要求将宜荆荆城市群纳入长江中游城市群，安徽要求将江淮城市群纳入其中打造"中四角"。

2014 年 9 月 25 日，国务院发布的《国务院关于依托黄金水道推动长江经济带发展的指导意见》明确长江中游城市群以武汉、长沙、南昌为中心，涵盖武汉城市圈、环长株潭城市群、环鄱阳湖城市群，而将江淮城市群的核心城市合肥纳入长江三角洲城市群的主轴。至此，长江中游城市群的空间范围渐趋明朗。

《长江中游城市群发展规划》明确界定长江中游城市群是"以武汉城市圈、环长株潭城市群、环鄱阳湖城市群为主体形成的特大型城市群"，并大致地描述了长江中游城市群的空间范围（见表 2）。对此，本文认为有两个突出问题值得关注。

表 2　长江中游城市群省域规划范围

省域	规划范围
湖北	武汉城市圈（武汉市、黄石市、鄂州市、黄冈市、孝感市、咸宁市、仙桃市、潜江市、天门市）；宜荆荆城市群（宜昌市、荆州市、荆门市）；襄阳市。
湖南	环长株潭城市群（长沙市、株洲市、湘潭市、岳阳市、益阳市、常德市、衡阳市、娄底市）
江西	环鄱阳湖城市群（南昌市、九江市、景德镇市、鹰潭市、新余市、宜春市、萍乡市、上饶市）；抚州市、吉安市的部分县（区）

资料来源：整理自《长江中游城市群发展规划》。

其一，关于襄阳纳入长江中游城市群问题。根据《全国主体功能区规划》和《湖北省主体功能区规划》，襄阳市除襄州区、襄城区、樊城区三个市辖区外，其余三县三市都属于国家层面限制开发区域。其中，南漳县、保康县属国家层面的重点生态功能区（秦巴生物多样性生态功能区），谷城县、枣阳市、宜城市、老河口市属襄（阳）随（州）国家层面农产品主产区。据统计，襄阳市属国家层面限制开发区域的土地总面积达 16061 平方公里，约占全市土地总面积的 81%。从保障国家生态安全和粮食安全的角度来看，襄阳市除市辖区外不宜进行大规模、高强度的工业化城镇化开发。另外，襄阳市并非位于长江干流，与中心城市武汉的通达度不及邻近的随州市，与武汉的经济联系相对较弱。正因为如此，襄阳市从未出现在学术界以往界定的长江中游城市群空间范围之内。由此可见，《长江中游城市群发展规划》将襄阳纳入长江中游城市群空间范围，具有强烈的政府主导倾向，其科学性值得探讨。

其二，关于规划范围的模糊表述问题。与国务院近期批复的跨省域经济区（带）发展规划相比，《长江中游城市群发展规划》对长江中游城市群地域范围的表述相对模糊。《珠江—西江经济带发展规划》将规划范围界定为广州、佛山、肇庆、云浮、南宁、柳州、梧州、贵港、百色、来宾、崇左11市全域，并根据流域特点界定了规划延伸区。《洞庭湖生态经济区规划》将规划范围界定为岳阳、常德、益阳、荆州4市全域和长沙市望城区共33个县（市、区）。《晋陕豫黄河金三角区域合作规划》将规划范围界定为运城、临汾、渭南、三门峡4市全域。上述三个规划对地域范围的界定囊括行政单元全域，表述相对详细，边界较为清晰。但《长江中游城市群发展规划》关于规划范围内的抚州、吉安部分县（区）并未提供详细说明，加之欠缺两幅重要图件——"长江中游城市群规划范围示意图"和"长江中游城市群空间布局示意图"，因而仅从文字表述上还不能明确其范围边界。此外，由于规划文本使用概数对长江中游城市群土地面积、GDP和人口规模进行描述，也无法据此推测其详细范围。地域范围表述的模糊性一方面将导致抚州、吉安二市所辖县（区）争相要求纳入规划范围的尴尬局面，最终形成事实上的市域全覆盖；另一方面将给政策落地和相关研究带来一些困难。

二 长江中游城市群战略定位的表述

《长江中游城市群发展规划》分城市群整体、三大主体单元、中心城市三个层次，从产业发展和空间发展两个方面进行战略定位（见表3）。总体而言，关于城市群整体的四大战略定位既符合区域发展实际，又紧密契合国家战略重点。其中，"中国经济新增长极"的定位描绘了城市群经济建设的理想蓝图，"中西部新型城镇化先行区"的定位提出了打造农业转移人口就近城镇化典范的新要求，"内陆开放合作示范区"的定位明确了对内对外、东西双向开放合作的新模式，"'两型'社会建设引领区"的定位明确了生态文明建设的关键突破口。

表3　长江中游城市群战略定位

区域/城市	战略定位
长江中游城市群	中国经济新增长极、中西部新型城镇化先行区、内陆开放合作示范区、"两型"社会建设引领区
武汉城市圈	全国重要的综合交通运输枢纽、先进制造业基地和高技术产业基地、中部地区现代服务业中心
环长株潭城市群	"两型"社会建设示范区和现代化生态型城市群
环鄱阳湖城市群	大湖流域生态人居环境建设示范区和低碳经济创新发展示范区
武汉	—
长沙	中部地区重要的先进制造业基地、综合交通枢纽和现代服务业中心
南昌	重要的先进制造业基地、中部地区综合交通枢纽和现代服务业集聚区

资料来源：整理自《长江中游城市群发展规划》。

从三大主体单元的定位来看，《长江中游城市群发展规划》对武汉城市圈的定位侧重于经济建设，对环长株潭城市群的定位侧重于生态文明建设，对环鄱阳湖城市群的定位则兼顾生态文明建设和经济建设两方面。概而言之，该规划对三大城市群（圈）的战略定位各有侧重，把握住了各城市群（圈）的建设重点，但也存在一些缺憾。

其一，未突出武汉城市圈"两型"社会建设示范区定位。事实上，武汉城市圈和环长株潭城市群于2007年同时获批全国资源节约型和环境友好型社会建设综合配套改革试验区，经过多年的建设，取得了许多可圈可点的成绩，也积累了大量可复制、可借鉴的实践经验。因此，理应明确武汉城市圈"两型"社会建设示范区的定位。

其二，未从产业层面对环长株潭城市群和环鄱阳湖城市群进行定位。实际上，这两大城市群除中心城市外的其他城市产业发展特色明显、地位突出，譬如株洲的轨道交通装备制造业和九江、岳阳的石油化工产业发展已具有相当规模，集聚发展水平较高，在全国同行业具有举足轻重的地位。

其三，缺乏对武汉市的总体定位。从三大中心城市的定位来看，《长江中游城市群发展规划》主要从产业层面对长沙和南昌进行战略定位，但遗漏了对武汉的明确定位，此乃该规划的一大缺憾。

其四，对南昌市的产业定位表述过于笼统。未指出将南昌打造成"重要的先进制造业基地"的影响层级，"现代服务业集聚区"的定位尚值得斟酌。

三 长江中游城市群发展目标的表述

从学理上分析，发展目标是战略定位的具体反映，规划目标指标体系是规划区域未来发展状态和发展水平的数字表征。因此，发展目标的确定要紧密围绕战略定位展开，规划目标指标体系的设计要以发展目标为基础依据。《长江中游城市群发展规划》围绕四大战略定位从经济发展、资源环境、社会事业和城镇化等方面确定发展目标，进一步明确了区域发展方向和重点建设任务。但是，在具体的目标指标体系设计上，该规划还存在一些缺陷，主要表现在以下几个方面。

其一，经济发展指标选取不够全面。根据《全国主体功能区规划》的要求，对重点开发区域实行工业化城镇化水平优先的绩效评价，综合评价经济增长、质量效益、产业结构等内容，主要考核地区生产总值、非农产业就业比重、财政收入占地区生产总值比重等指标。然而，该规划主要目标设计仅选取了反映经济发展水平和产业结构的指标，缺乏反映经济发展状态和质效的指标，如地区生产总值、非农产业就业比重、财政收入占地区生产总值比重。

其二，资源环境指标选取不够完整。未严格按照《全国主体功能区规划》中重点开发区域绩效考评的要求设计，二氧化碳排放强度、主要污染物排放总量控制率、"三废"处理率等代表性指标缺失。

其三，"城镇化水平"类别名称不能完全概括所选指标。根据《国家新型城镇化规划（2014—2020 年）》提出的新型城镇化主要指标，表征城镇化水平的指标仅有常住人口城镇化率和户籍人口城镇化率，而农民工随迁子女接受义务教育比例和城镇常住人口保障性住房覆盖率属于基本公共服务的表征。因此，可考虑将"城镇化水平"类别名称改为"新型城镇化"，并增加表征基础设施的指标，如百万以上人口城市公共交通占机动化出行比例、城市社区综合服务设施覆盖率等指标。另外，为突出"打造农业转移人口就近城镇化典范"的发展目标，可考虑增加吸纳农业转移人口规模等指标。

四　长江中游城市群产业发展内容的表述

《规划》第五章比较全面地谋划了长江中游城市群未来产业发展的方向和路径，对长江中游城市群构建具有特色的现代产业体系，实现产业协同发展和转型升级具有较强的指导意义。但是，从学理的严谨性来看，该规划仍然存在一些需要改进的地方，突出地表现为相关产业或行业名称的表述不规范。

其一，部分复合产业概念的表述不规范。该规划文本采用的"汽车及交通运输设备制造业"、"商贸物流业"、"广告会展"等复合产业概念（见表 4）将多个标准产业归并为一个产业，失之规范。例如，"汽车及交通运输设备制造业"的复合产业概念实际上包括了"汽车制造业"和"铁路、船舶、航空航天和其他运输设备制造业"两个产业大类，两者合并的表述不符合国家标准《国民经济行业分类》的规范表述；"商贸物流业"应分开表述为"商贸服务业"、"现代物流业"；"广告会展"应分别表述为"广告业"、"会展及展览服务业"。"产业集群"概念的指向是特定的某个产业，将之应用于复合产业也明显失之严谨。

其二，部分产业名称的范围大小、前后表述不一致。根据国家标准《国民经济行业分类》，"装备制造业"包含"汽车制造业"、"铁路、船舶、航空航天和其他运输设备制造业"、"通用设备制造业"、"专用设备制造业"、"电气机械和器材制造业"、"计算机、通信和其他电子设备制造业"、"仪器仪表制造业"等一系列行业大类（见表 4），该规划文本将"装备制造业"和"汽车及交通运输设备制造业"并列表述，明显失之规范、严谨。《规划》第三章第一节提出武汉城市圈要建设成为"高技术产业"基地，而第五章第四节提出鼓励武汉、长沙、南昌大力发展"高新技术产业"，前后名称不一，规范、严谨的表述应为"高技术产业"。国家曾颁布《高技术产业（制造业）分类》、《高技术产业（服务业）分类》两个涉及高技术产业的分类标准。

表 4 《长江中游城市群发展规划》中的复合产业概念及其
标准产业名称对照

文本中产业表述名称	产业规范表述名称	参照标准
装备制造	金属制品业（33）	《国民经济行业分类》（GB/T 4754–2011）
	通用设备制造业（34）	
	专用设备制造业（35）	
	汽车制造业（36）	
	铁路、船舶、航空航天和其他运输设备制造业（37）	
	电气机械和器材制造业（38）	
	计算机、通信和其他电子设备制造业（39）	
	仪器仪表制造业（40）	
汽车及交通运输设备制造业	汽车制造业（36）	《国民经济行业分类》（GB/T 4754–2011）
	铁路、船舶、航空航天和其他运输设备制造业（37）	
航空	航空、航天器及设备制造（374）	《国民经济行业分类》（GB/T 4754–2011）
	航空运输业（56）	
冶金工业	黑色金属冶炼和压延加工业（31）	《国民经济行业分类》（GB/T 4754–2011）
	有色金属冶炼和压延加工业（32）	
石油化工	石油加工、炼焦和核燃料加工业（25）	《国民经济行业分类》（GB/T 4754–2011）
	化学原料和化学制品制造业（26）	
	化学纤维制造业（28）	
家电	家用电力器具制造（385）	《国民经济行业分类》（GB/T 4754–2011）

续表

文本中产业表述名称	产业规范表述名称	参照标准
商贸物流	商贸服务业	《服务业发展"十二五"规划》
	现代物流业	
生物医药	生物产业（3）	《战略性新兴产业分类（2012）》（试行）
	医药制造业（27）	《国民经济行业分类》（GB/T 4754－2011）
纺织服装	纺织服装、服饰业（18）	《国民经济行业分类》（GB/T 4754－2011）
有色金属	有色金属冶炼和压延加工业（32）	《国民经济行业分类》（GB/T 4754－2011）
汽车及零部件	汽车制造业（36）	《国民经济行业分类》（GB/T 4754－2011）
航空制造	航空器装备制造（4.1.1）	《战略性新兴产业分类（2012）》（试行）
广播影视	广播、电视、电影和影视录音制作业（86）	《国民经济行业分类》（GB/T 4754－2011）
新闻出版	新闻和出版业（85）	《国民经济行业分类》（GB/T 4754－2011）
设计服务	文化创意和设计服务业	文化及相关产业分类（2012）
广告会展	广告业（724）	《国民经济行业分类》（GB/T 4754－2011）
	会展及展览服务业（7292）	
动漫游戏	数字内容服务业（6591）	《国民经济行业分类》（GB/T 4754－2011）
陶瓷制作	陶瓷制品制造（307）	《国民经济行业分类》（GB/T 4754－2011）
高新技术产业	高技术产业	《高技术产业分类（2013）》
汽车与轨道交通设备制造	汽车制造业（36）	《国民经济行业分类》（GB/T 4754－2011）
	轨道交通装备产业（4.3）	《战略性新兴产业分类（2012）》（试行）

其三，关于战略性新兴产业的归属表述失之规范。根据国家标准《战略性新兴产业分类（2012）》（试行），战略性新兴产业由"节能环保产业"、"新一代信息技术产业"、"生物产业"、"高端装备制造业"、

"新能源产业"、"新材料产业"和"新能源汽车产业"七大产业构成，涵盖制造业和服务业两大产业门类，而《规划》将"战略性新兴产业"作为一个产业集群概念置于制造业优势产业集群概念之下明显不妥。同时，《规划》将发展"通用航空产业"列为高端装备制造业发展重点也不妥，因为在国家战略性新兴产业分类标准中，通用航空并不属于高端装备制造业。

其四，部分产业名称的表述过于口语化和细小。《规划》文本采用了"光伏光电"、"精细化工"、"粉末冶金"、"建材"和"机械制造"等产业名称表述，尽管这些名称在行业发展中已约定俗成，但见诸正式规划文本，凸显口语化。"光伏光电"、"粉末冶金"等行业名称的表述过于细小。

五　长江中游城市群生态文明共建内容的表述

对于跨区域城市群总体规划，理论上应厘清各省的分内工作和需要三省协作完成的工作，以各区域共同关切的重大项目、重大工程和重大政策为重点进行整体谋划，而不宜面面俱到、过度展开。在跨区域城市群生态文明建设方面，循环经济发展、绿色低碳发展等内容应属于各区域可以完成而且应该完成的分内事务，而跨界江河湖泊治理、城市群"绿心"建设、区域性环境污染联防联治、跨区域的生态补偿机制探索等则需要各区域协作共同完成。在规划中，对于各省的分内工作不宜过多涉及，而对需三省协作完成的工作则应突出强调。

尽管《长江中游城市群发展规划》从生态屏障共筑、绿色发展共促、环保机制共建三个方面对长江中游城市群地区未来的生态文明建设进行谋篇布局，结构完整、内容丰富，但并未处理好上述三方面工作的关系，"生态文明共建"部分未能突出"共建"主题，类似三大城市群（圈）生态保护与建设规划的"拼盘"。

六 长江中游城市群公共服务共享内容的表述

《规划》第七章关注长江中游城市群公共服务共享议题。从文本内容来看，文本中的"公共服务"应特指"基本公共服务"，它建立在一定社会共识基础上，由政府主导提供，与经济社会发展水平和阶段相适应，旨在保障全体公民生存和发展基本需求。一般的，基本公共服务的范围包括保障基本民生需求的教育、就业、社会保障、医疗卫生、计划生育、住房保障、文化体育等领域的公共服务，广义上还包括与人民生活环境紧密关联的交通、通信、公用设施、环境保护等领域的公共服务，以及保障安全需要的公共安全、消费安全和国防安全等领域的公共服务。

"十二五"以来，为突出体现"学有所教、劳有所得、病有所医、老有所养、住有所居"的要求，国家将基本公共服务的范围确定为公共教育、劳动就业服务、社会保障、基本社会服务、医疗卫生、人口计生、住房保障、公共文化等领域的公共服务（见图1）。公共服务共享的核心

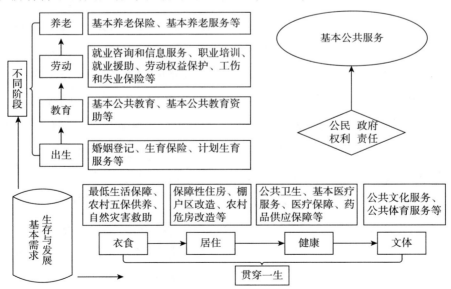

图1 基本公共服务的范围与内涵

资料来源：国家发展和改革委员会．国家基本公共服务体系"十二五"规划［A］．

"十二五"国家级专项规划汇编（第一辑）［M］．北京：人民出版社，2012：700.

就是要建立规范完善的基本公共服务体系，实现基本公共服务均等化。

《规划》共分五节对长江中游城市群推进公共服务共享进行表述：一是加强教育科技合作交流，提出大力推动多种形式的教育、科研协同合作交流；二是推进医疗卫生合作，确保医疗卫生资源共享、政策对接，共同应对突发公共卫生事件；三是共同推动文化繁荣；四是联合开发人力资源，建立一体化的人力资源市场，构建和谐劳动关系；五是创新社会治理体制。从公共服务的内涵范围来看，《规划》基本涵盖了教育、医疗、文化、劳动等方面的公共服务内容，比较全面地谋划了长江中游城市群基本公共服务建设方向和重点。但是，从精确性、全面性和翔实性的视角来看，《规划》依然存在以下不足。

其一，创新社会治理体制并不属于《规划》表述的"公共服务共享"范畴。广义上，创新社会治理体制属于公共服务范畴，但这与当前环境下国家关于基本公共服务的界定并不吻合，实际上社会治理更符合和谐社会构建的应有之义。

其二，缺乏对婚姻、生育、养老、住房等社会保障方面基本公共服务的表述。根据图1对基本公共服务范围和内涵的界定，公民从出生到养老都应享受国家基本公共服务，而《规划》在重视教育、医疗、文化、劳动等基本公共服务共享的同时却忽略了婚姻、生育、养老、住房等社会保障领域内公民应享受的基本公共服务。

其三，关于公共文化服务共享的表述不够具体。对于公共文化服务共享，《规划》仅通过"共同推进文化繁荣"一节简要提出了长江中游城市群文化合作发展的基本方向和重点，且局限于狭义的文化事业和文化产业。根据国家颁布的《国家基本公共服务体系"十二五"规划》和《关于加快构建现代公共文化服务体系的意见》，公共文化服务共享还应包括体育、旅游等相关产业和事业，促进公共文化服务共享需要实现城乡、区域均等化，从标准建立、体系完善、组织架构、政策供给等多方面给予关注和支持，而《规划》并未对此进行详细具体的谋划。

参考文献

［1］伍新木，董宏伟．以武汉为中心建设长江中游城市群［J］．学习与实践，2002（6）．

［2］肖金成，汪阳红．论长江中游城市群的构造和发展［J］．湖北社会科学，2008（6）．

［3］秦尊文．论长江中游城市群的构建［J］．江汉论坛，2010（12）．

［4］秦尊文．首位城市与捷夫法则的验证——长江中游城市群的整合［J］．上海城市管理职业技术学院学报，2007（1）．

［5］魏后凯，成艾华．携手共同打造中国经济发展第四极——长江中游城市群发展战略研究［J］．江汉论坛，2012（4）．

［6］方创琳．科学界定长江中游城市群．中国国情国力，2013（10）．

长江中游城市群服务业集聚水平及其影响因素研究[*]

摘　要： 采用区位熵、空间基尼系数、EG 指数等指标测度长江中游城市群服务业整体及细分行业的集聚水平，结果显示长江中游城市群服务业总体集聚水平较低，但不同城市、不同细分行业之间的集聚水平差异较大。长江中游城市群服务业集聚影响因素的实证分析结果显示，劳动力投入、知识密集度、资本密集度和对外开放水平对长江中游城市群服务业整体集聚有显著的正向影响；信息化水平对长江中游城市群服务业集聚无显著影响；消费相对购买力和政府经济参与度的影响为负。

关键词： 长江中游城市群　服务业集聚　影响因素

一　引言

2012 年，"长江中游城市群"建设实践启动，并已上升为国家战略。国务院 2012 年 8 月 27 日印发的《国务院关于大力实施促进中部地区崛起战略的若干意见》（国发〔2012〕43 号）指出，"鼓励和支持武汉城市圈、长株潭城市群和环鄱阳湖城市群开展战略合作，促进长江中游城市群一体化发展"。国家发展改革委 2013 年 5 月 28 日下发的《国家发展改革委关于印发 2013 年促进中部地区崛起工作要点的通知》强调，"鼓

---

　* 曾原题刊载于《学习与实践》2013 年第 11 期。执笔人：吴传清、龚晨、罗明磊。

励和支持长江中游城市群一体化发展，做好一体化发展规划编制前期研究工作"。时任国家发展改革委主任徐绍史在 2013 年 9 月 23 日《依托长江建设中国经济新支撑带指导意见》研究起草工作动员大会上提出，依托长三角城市群、长江中游城市群、成渝城市群三大城市群推动长江经济带开发开放与发展。

自 2013 年起，长江中游城市群的地域范围扩展到鄂湘赣皖四省，涵盖 40 个城市（见表 1）。本文侧重研究长江中游城市群服务业整体和细分行业的集聚水平及其影响因素，限于数据的可得性，选取 37 个地级及以上城市为考察对象。

表 1　长江中游城市群的地域范围

片区	城市个数	城市名称
湖北省片区	12（副省级城市 1、地级市 8、县级市 3）	武汉市、黄冈市、黄石市、鄂州市、孝感市、咸宁市、宜昌市、荆州市、荆门市、仙桃市、天门市、潜江市
湖南省片区	8（地级市）	长沙市、株洲市、湘潭市、岳阳市、益阳市、常德市、娄底市、衡阳市
江西省片区	9（地级市）	南昌市、景德镇市、鹰潭市、九江市、上饶市、抚州市、宜春市、新余市、萍乡市
安徽省片区	11（地级市）	合肥市、芜湖市、马鞍山市、铜陵市、安庆市、池州市、滁州市、宣城市、六安市、淮南市、蚌埠市
总　计	40	副省级城市 1（武汉市）；地级市 36；县级市 3（仙桃市、天门市、潜江市）

二　长江中游城市群服务业集聚水平测度

（一）测度方法

学术界采用的服务业集聚水平测度方法较多，本文侧重从区域、空间、综合三个视角选取区位熵、空间基尼系数、地理集中度指数（EG 指数）三项指标就长江中游城市群服务业集聚水平进行测度分析。

1. 区位熵

区位熵，又称专门化率，是衡量产业集聚水平的重要指标。区位熵测度的是某区域中某产业份额占整体经济中该产业份额的比值。数学表达式为：

$$LQ_{ij} = \frac{x_{ij} / \sum_i x_{ij}}{\sum_i x_{ij} / \sum_i \sum_i x_{ij}} \qquad (1)$$

其中，x_{ij} 表示 j 区域 i 产业的就业人数。一般认为，当 $LQ_{ij} > 1$ 时，该产业在该区域具有比较优势；当 $LQ_{ij} > 1.5$ 时，则可以认为该产业在该区域形成产业集聚（张旺和申玉铭，2012）。

虽然区位熵具有计算简便、数据要求低等优点，但作为一个相对指标，区位熵只能反映区域专业化的相对程度，并不能反映区域的绝对专业化，更不能反映产业的规模。因此，某产业区位熵最大的地区，并不一定是该产业集聚水平最高的地区（刘斯敖，2008）。故而在使用区位熵衡量区域产业集聚水平时，必须结合其他统计指标进行综合评价。

2. 空间基尼系数

空间基尼系数（G）是衡量具体产业集聚情况的统计指标，其拥有多种数学表达形式，本文采用艾尔森（Ellison）和格莱泽（Glaeser）改进的空间基尼系数表达式：

$$G = \frac{\sum_j (s_j - x_j)^2}{1 - \sum_j x_j^2} \qquad (2)$$

其中，G 为空间基尼系数，x_j 表示 j 地区生产总值（或从业人员）占全国生产总值（或总从业人员）的比重，s_j 表示 j 地区某产业生产总值（或从业人员）占全国该产业生产总值（或从业人员）的比重。G 的取值范围为 $[0, 1]$，G 越大，说明该产业在该区域的产业集聚程度越高；当 $G = 0$ 时，则说明该产业在该区域的分布趋于均匀。

空间基尼系数虽然具有简便、直观的特点，但是由于其没有考虑到企业规模和地理区域大小的差异，因而在产业集聚识别方面可能存在偏误（任英华和邱碧槐，2010）。

3. 地理集中度指数（EG 指数）

EG 指数是对产业集聚程度和结构进行综合评价的测度指标。该指数综合了空间基尼系数和赫芬达尔指数，考虑了产业组织差异，能很好地反映行业的区域集聚程度。EG 指数的数学表达式为：

$$\gamma_i = \frac{G_i - (1 - \sum_j x_j^2) H_i}{(1 - \sum_j x_j^2)(1 - H_i)} \tag{3}$$

其中，x_j 表示 j 地区从业人数占全国总从业人员的比重，G_i 是 i 地区的空间基尼系数，H_i 是 i 地区的赫芬达尔指数。由于赫芬达尔指数涉及企业员工人数、市场规模等详细统计数据，受数据可得性所限，本文借鉴任英华等（2011）的假设，即假设每个区域每个产业都具有相同的规模，从而将 H 指数改造成以下形式：

$$H = \sum_{i=1}^n \left(\frac{e_i / c_i}{T} \right)^2 \times c_i = \sum_{i=1}^n \left(\frac{e_i}{T} \right)^2 \times \frac{1}{c_i} \tag{4}$$

其中，e_i 为某区域某产业的从业人员，c_i 为对应区域对应产业的企业个数，T 为全国总从业人员。一般情况下，可以按 $\gamma < 0.02$、$0.02 \leqslant \gamma \leqslant 0.05$、$\gamma > 0.05$ 将产业集聚划分为低、中、高三类。

（二）数据来源

本文采用的数据主要来自 2004—2012 年的《中国城市统计年鉴》，部分数据参考历年《中国第三产业统计年鉴》、各省统计年鉴以及《2004 年中国第一次经济普查年鉴》。鉴于本文所选用的三种测度方法对数据的要求，部分数据进行了调整及筛选。在进行 EG 指数测算时，基于数据一致性和可得性考虑，以皖赣鄂湘四省加总数据粗略代表整个长江中游城市群总体水平。

（三）测度结果

1. 基于区域视角的区位熵测度结果

本文将长江中游城市群 37 个地级及以上城市根据省域分布划分为安徽省片区、江西省片区、湖北省片区和湖南省片区，并对这四个片区

2011 年服务业 13 个细分行业①的区位熵进行测度（见表2）。根据区位
熵的判别标准，四个片区中仅有湖北省片区的住宿和餐饮业（I）、居民
服务和其他服务业（O）达到了明显集聚水平，其区位熵分别为 1.51 和
1.63，说明长江中游城市群服务业发展的整体集聚水平不高。通过片区
间横向比较可以看出，湖北省和湖南省片区的服务业集聚水平明显高于
安徽省和江西省片区。湖北省和湖南省片区分别有 6 个和 3 个细分行业
区位熵值大于 1.2；安徽省和江西省片区服务业各细分行业区位熵值均
低于 1.2。

表 2　2011 年长江中游城市群四大片区服务业区位熵

行业代码	安徽省片区	江西省片区	湖北省片区	湖南省片区
F	1.00	1.16	1.39	0.56
G	0.97	1.02	0.99	1.01
H	0.91	0.66	1.48	0.88
I	0.65	0.33	1.51	1.23
J	1.07	0.95	0.86	1.11
K	0.78	0.40	1.25	1.33
L	0.90	0.78	0.83	1.36
M	1.11	0.75	1.23	0.91
N	0.96	1.11	0.97	0.98
O	0.43	0.57	1.63	1.09
P	1.07	1.14	0.90	0.95
Q	1.05	1.01	0.89	1.06
R	0.96	1.05	1.08	0.92

注：服务业各细分行业的行业代码如下：交通运输、仓储和邮政业（F），信息传输、计算机服务和软件业（G），批发和零售业（H），住宿和餐饮业（I），金融业（J），房地产业（K），租赁和商务服务业（L），科学研究、技术服务和地质勘探业（M），水利、环境和公共设施管理业（N），居民服务和其他服务业（O），教育（P），卫生、社会保障和社会福利业（Q），文化、体育和娱乐业（R）。下同。

资料来源：根据《中国城市统计年鉴 2012》相关数据计算整理。

---

① 服务业共有 14 个细分行业，分别为：交通运输、仓储和邮政业，信息传输、计算机服务和软件业，批发和零售业，住宿和餐饮业，金融业，房地产业，租赁和商务服务业，科学研究、技术服务和地质勘探业，水利、环境和公共设施管理业，居民服务和其他服务业，教育，卫生、社会保障和社会福利业，文化、体育和娱乐业，公共管理和社会组织业。本文侧重考查前 13 个服务业细分行业。

为了更为细致地考察长江中游城市群中各城市的服务业发展特征及集聚情况，本文对 2011 年长江中游城市群中 37 个地级及以上城市的服务业区位熵进行测算，并对服务业各细分行业中排名前五的城市进行统计（见图 1）。结果显示：从上榜频数角度考察，四省省会城市武汉、长沙、合肥、南昌均有较高的上榜频数，但并不处于绝对领先地位，滁州、池州、萍乡等三、四线城市拥有相等甚至更高的上榜频数。同时，不同城市服务业细分行业的区位熵结构也有较大差异，从侧面表明长江中游城市群服务业发展显现错位发展态势。最后，武汉等省会城市在金融、房地产等现代服务行业方面本应具有较高的集聚水平，但其区位熵测算结果却未进入前五名，从侧面反映出区位熵在测度服务业集聚方面的局限性。

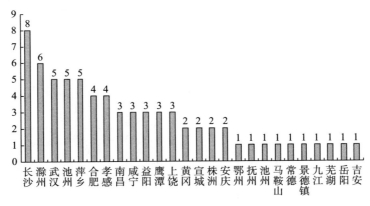

图 1　2011 年长江中游城市群各城市服务业区位熵前五名统计

注：本文发表于《长江中游城市群发展规划》发布前，故研究范围存在差异。

2. 基于行业视角的空间基尼系数测度结果

为从行业视角考察长江中游城市群服务业的集聚水平，本文对长江中游城市群 2003—2011 年服务业整体及各细分行业的空间基尼系数进行了测算（见表 3）。通过分析发现：长江中游城市群服务业整体集聚水平较低，未达到 $G \geq 0.0001$ 的显著集聚标准（0.0000271），并且集聚水平呈现下降趋势。从细分行业角度看，长江中游城市群中交通运输、仓储和邮政业（F），批发和零售业（H），住宿和餐饮业（I），房地产业（K），租赁和商务服务业（L），科学研究、技术服务和地质勘探业（M），

表 3 长江中游城市群 2003—2011 年服务业空间基尼系数

行业	2003 年	2004 年	2005 年	2006 年	2007 年	2008 年	2009 年	2010 年	2011 年	均值
F	0.0000421	0.000038	0.0001536	0.0003033	0.0001897	0.0002654	0.0002624	0.000307	0.0002118	0.000197
G	0.0000737	0.0000478	0.0000511	0.0001642	0.0000446	0.0000421	0.0000339	0.0000409	0.000059	0.0000619
H	0.0000587	0.0000752	0.0001068	0.0002318	0.000317	0.0001702	0.0000973	0.000125	0.0000658	0.0001386
I	0.0003322	0.0003203	0.0001398	0.0003341	0.0002573	0.0002694	0.0001882	0.0002588	0.0001434	0.0002493
J	0.0000337	0.0000471	0.0000355	0.00005	0.0000418	0.0000352	0.0000204	0.0000323	0.0000239	0.0000355
K	0.000069	0.000076	0.0002727	0.0001292	0.0001057	0.0001095	0.0001716	0.0001658	0.000115	0.0001349
L	0.0001094	0.0000799	0.0000665	0.0000748	0.0001131	0.000131	0.0001317	0.0001287	0.0000948	0.0001033
M	0.0002568	0.0001943	0.0001864	0.0002058	0.0001756	0.0001575	0.0001352	0.0001214	0.0001254	0.0001732
N	0.0000737	0.0000764	0.0000914	0.0000707	0.0000468	0.0000352	0.0000266	0.0000335	0.0000347	0.0000543
O	0.0002126	0.0002166	0.0001353	0.0001788	0.0001874	0.0001129	0.0000776	0.0000841	0.0008579	0.0002292
P	0.0000587	0.0000516	0.0000566	0.0000566	0.0000521	0.0000352	0.0000328	0.0000373	0.0000374	0.0000456
Q	0.0000478	0.0000478	0.000043	0.0000476	0.0000475	0.0000282	0.0000287	0.0000313	0.0000295	0.000039
R	0.0002426	0.0002085	0.0001181	0.0001789	0.0001877	0.0001238	0.0000837	0.0000957	0.0001439	0.0001537
服务业	0.0000375	0.0000352	0.0000347	0.0000424	0.000043	0.000024	0.0000188	0.0000021	0.000006	0.0000271

资料来源：作者根据《中国城市统计年鉴》（2004—2012）计算整理。

居民服务和其他服务业（O）、文化、体育和娱乐业（R）八个行业的集聚水平相对较高，其中住宿和餐饮业（I）的集聚程度最高；信息传输、计算机服务和软件业（G），金融业（J），水利、环境和公共设施管理业（N），教育（P），卫生、社会保障和社会福利业（Q）的集聚程度相对较低，其中尤以金融业（J）的集聚程度最低。

3. 基于综合视角的地理集中度指数（EG 指数）测度结果

考虑到区位熵和空间基尼系数在产业集聚测度方面的缺陷，本文采用 EG 指数对长江中游城市群 2004—2011 年服务业各细分行业及服务业整体集聚水平进行综合测算（见表 4）。通过分析发现：

（1）从服务业集聚发展状态上看，长江中游城市群 2004—2011 年服务业整体以及 13 个细分行业的 EG 指数值均小于 0.02，说明长江中游城市群服务业集聚水平较低。细分行业中，文化、体育和娱乐业的集聚水平最低，批发和零售业的集聚水平最高，这与空间基尼系数分析结果有一定差异。

（2）从服务业集聚发展趋势上看，长江中游城市群 2004—2010 年的 EG 指数值呈下滑趋势，2011 年出现逆转式上扬（见图 2）。本文认为这种变化主要与湘鄂赣皖四省的产业发展策略相关：2010 年以前，长江中游城市群四省的发展重点主要集中于工业领域，随着国家对服务业发展重视程度的提升，2010 年后四省发展重点逐步转移到服务业领域，并于 2011 年表现出明显效果。从服务业细分行业的发展趋势看，不同的细分

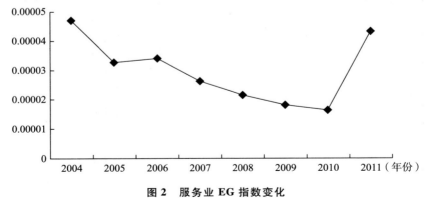

图 2　服务业 EG 指数变化

表4 2004—2011年长江中游城市群服务业EG指数

行业	2004年	2005年	2006年	2007年	2008年	2009年	2010年	2011年	均值
F	0.005056	0.000021	0.0000208	0.0001311	0.0001913	0.0001768	0.0000545	0.0000234	0.0007094
G	0.0002929	0.0001421	0.0000281	0.0001796	0.0002577	0.0003121	0.0003786	0.0003534	0.0002431
H	0.0104938	0.0001734	0.0001523	0.0001735	0.000111	0.0001179	0.0001405	0.000114	0.0014346
I	0.0003415	0.0004109	0.0003379	0.0005312	0.0003901	0.0003521	0.0003723	0.0003079	0.0003805
J	0.0001265	0.0000746	0.0000908	0.0000102	0.0000386	0.0000217	0.0000288	0.0001269	0.0000648
K	0.0002098	0.0001455	0.0001977	0.0004427	0.0003994	0.0002959	0.0003086	0.0001717	0.0002714
L	0.0004792	0.0007286	0.0009053	0.0008649	0.0008619	0.0010814	0.0010224	0.0009365	0.00086
M	0.0001193	0.0001418	0.0001307	0.0001457	0.000181	0.000174	0.0001725	0.0000931	0.0001448
N	0.0000634	0.0000555	0.0000685	0.000081	0.0000432	0.0000171	0.0000099	0.00002	0.0000448
O	0.0013058	0.0014512	0.0015876	0.0012008	0.0010627	0.0011529	0.0011856	0.0009711	0.0012397
P	0.000215	0.0002149	0.0002282	0.000225	0.0001986	0.0001892	0.0001851	0.0001987	0.0002068
Q	0.0001792	0.0001864	0.00019	0.0002461	0.0002262	0.0002419	0.0002336	0.0002295	0.0002166
R	0.0000368	0.0000383	0.0000387	0.000034	0.0000106	0.0000376	0.0000226	0.000035	0.0000317
服务业	0.000047	0.0000325	0.0000341	0.0000263	0.0000214	0.0000182	0.0000164	0.0000431	0.0000299

资料来源：根据《中国城市统计年鉴》（2004—2012）及湘鄂赣皖四省分省统计年鉴（2004—2012）计算整理。

行业的发展趋势相差较大：租赁和商务服务业（L）的集聚水平呈现上升趋势；批发和零售业（H），水利、环境和公共设施管理业（N）的集聚水平呈现急剧下降趋势；而卫生、社会保障和社会福利业（Q），居民服务和其他服务业（O）等细分行业则处于幅度不大的波动发展态势。

三　长江中游城市群服务业集聚影响因素的实证研究

通过上述分析可以发现，长江中游城市群服务业总体集聚程度不高，服务业各细分行业的集聚程度各不相同。为了能够有针对性地提出长江中游城市群服务业集聚度提升策略，本文进一步探讨长江中游城市群服务业集聚的影响因素。

（一）理论假设

在参照现有服务业集聚影响因素的相关研究成果的基础上，本文提出影响长江中游城市群服务业集聚的七大因素，即劳动密集度、知识密集度、资本密集度、相对消费购买力、政府对经济活动的参与度、信息化水平和对外开放程度。

假设1：劳动密集度越高的服务行业集聚水平越高。

根据索罗模型理论，劳动力水平（L）是促进经济增长的重要因素之一。大量研究表明，服务业具有最强的就业吸纳能力，从而从另一个侧面反映出劳动者的数量对发展服务业有一定的影响作用。因此，本文认为劳动密集度越高的服务行业拥有更高的集聚水平。

假设2：知识密集度越高的服务行业集聚水平越高。

服务业中的部分行业，特别是生产性服务业，具有知识密集性的特点。这些服务业行业以高素质人才为依托，对于劳动力的知识水平具有较高要求。就一般发展规律而言，高素质人才倾向于在城市，特别是大中型城市中聚集，因而知识密集性服务业为获取相应的高素质人才资源而倾向于在城市中集聚。因此，本文认为知识密集度越高的服务行业其集聚水平也越高。

假设 3：资本密集度越高的服务行业集聚水平越高。

资本对经济发展具有不可或缺的影响作用。一个企业或者一个行业拥有的资本量越大，其市场规模也越大，对企业而言是容易形成垄断，对行业而言则容易形成行业集聚。因此，本文认为资本密集度越高的服务行业集聚水平越高。

假设 4：相对消费购买力越高的地区，服务业集聚水平越高。

服务业的发展与本地消费市场的容量有着密切的联系。消费市场越大，对服务产品的需求越旺盛，越能够吸引服务业的集聚。相对消费购买力的高低是反映市场需求量大小的一个指标，相对消费购买力越高则市场需求越大，越能刺激服务行业发展、壮大。因此，本文认为如果某地区相对消费购买力越高，则服务业集聚水平越高。

假设 5：政府对经济活动的参与度越低，服务业集聚水平越高。

学术界对于政府力量在服务业集聚中所扮演的角色一直存有争议。一方面，科学的产业规划和产业政策能够有效促使服务业集聚；另一方面，政府对于市场的干预的确降低了市场效率，从而影响服务业的集聚水平。本文认为，在中国的市场环境下，政府对于市场的干预是过高而不是过低。降低政府在市场中的参与度，能够促使服务业的进一步集聚。因此，本文认为政府对经济活动的参与度越低，服务业集聚水平越高。

假设 6：地区信息化水平越高，服务业集聚水平越高。

随着中国全面进入信息化社会，信息的获取速度和准确性成为企业发展的核心因素。同时，信息化水平越高的地区，其城市化水平往往也越高，对企业或者行业而言，越有利于其了解对手动态，迅速做出策略调整，从而节约交易成本。因此，本文认为地区信息化水平越高，服务业集聚水平越高。

假设 7：地区对外开放程度越高，服务业集聚水平越高。

随着世界经济一体化程度逐步提高，任何一个国家或地区都不可能脱离外界而单独发展经济。据统计资料显示，西方发达国家服务业占到了整个经济的 70% ~ 80%。因此，要想进一步提高我国服务业发展水平，必须进一步提高服务业对外开放程度，吸引发达国家服务企业的进入，从而为我国服务业注入资本、活力。因此，本文认为对外开放程度越高的地区，其服务业集聚水平也越高。

（二）模型设定、变量选择与数据来源

1. 模型设定

本文以金荣学和卢忠宝（2010）研究中国服务业集聚影响因素基本模型为基础进行改造，改造后模型如下：

$$y_{it}^j = c_0 + c_1 labor + c_2 knowledge_{it} + c_3 capital_{it} + c_4 consume_{it}$$
$$+ c_5 government_{it} + c_6 information_{it} + c_7 open_{it} \qquad (5)$$

其中，因变量 y_{it}^j 表示 i 地区第 t 年 j 产业的集聚水平，自变量 $labor$ 表示劳动密集度，$knowledge$ 表示知识密集度，$capital$ 表示资本密集度，$consume$ 表示相对消费购买力，$government$ 表示政府对经济活动的参与度，$information$ 表示信息化水平，$open$ 表示对外开放程度。

2. 变量选择

根据上文提出的假设以及考虑数据的可得性，本文在参考大量文献的情况下，对各个影响因素的量化指标进行选择（见表5）。

（1）服务业集聚水平 y_{it}^j。本文出于多方面考虑，决定借鉴金荣学和卢忠宝（2010）的做法，选择用长江中游城市群各城市的区位熵数值来衡量服务业集聚水平。

（2）劳动密集度 $labor$。由于本文研究对象为服务业，因而采用地区服务业就业人数占总人口的比重来衡量劳动密集度。

（3）知识密集度 $knowledge$。本文采用反映人力资本水平通常方式，即各地区普通高等学校在校人数占地区从业人员的比重来度量。

（4）资本密集度 $capital$。资本密集度一般用固定资产总额来衡量，本文借鉴胡霞（2009）在测算产业特性对中国城市服务业集聚影响时的做法，用地区社会固定资产总额与社会从业人员的比值表示。

（5）相对消费购买力 $consume$。为了突出相对购买能力的特征，本文用地区人均 GDP 与全国人均 GDP 比值来进行表示。

（6）政府对经济活动的参与度 $government$。在这个指标的选择上，胡霞（2009）用国有单位职工人数占社会就业人数比重来表示。鉴于无法获取长江中游城市群各城市国有单位职工人数数据，故本文采用各地区财政支出占地区 GDP 比重来进行衡量。

（7）信息化水平 *information*。本文采用各地区邮政和电信业务收入之和占地区 GDP 比重来进行衡量。

（8）对外开放程度 *open*。本文借鉴胡霞（2009）的测度方式，以各地区实际使用外资占地区社会固定资产总额的比重来衡量。

另外，由于区位熵的测算以全国作为基准，因此本文为保持一致性，借鉴金煜等（2006）的做法，对上述自变量均除以全国均值。在处理全国均值的过程中，由于各地区在财政支出中基本不涉及军费支出项目，因而在计算各级政府对经济活动参与度时予以扣除。

表5　自变量量化情况一览

影响因素	具体指标	变量符号
劳动密集度	各地区服务业就业人数占本地区人口比重与全国均值之比	*labor*
知识密集度	各地区普通高等学校在校人数占地区从业人员比重与全国均值之比	*knowledge*
资本密集度	各地区就业人员平均社会固定资产总额与全国均值之比	*capital*
相对消费购买力	各地区人均 GDP 与全国均值之比	*consume*
政府对经济活动的参与度	各地区财政支出占地区 GDP 比重与全国均值之比	*government*
信息化水平	各地区邮政、电信业务收入占地区 GDP 比重与全国均值之比	*information*
对外开放程度	各地区实际使用外资占地区社会固定资产总额比重与全国均值之比	*open*

资料来源：作者整理。

3. 数据来源

基于本文数据的范围与特点，本文拟采用"时间－城市"面板数据模型来分析长江中游城市群服务业各行业集聚水平的影响因素。时间范围为 2003—2011 年，截面范围为 37 个地级及以上市。所用原始数据均源自 2004—2012 年《中国城市统计年鉴》和《中国统计年鉴》。长江中游城市群服务业及各细分行业集聚影响因素估计结果见表 6 和表 7。

表6 长江中游城市群服务业及各细分行业集聚影响因素估计结果 (1)

	服务业	交通运输、仓储和邮政业	信息传输、计算机服务和软件业	批发和零售业	住宿和餐饮业	金融业	房地产业
Labor	0.14819* (1.71)	0.80628*** (3.6)	—	3.00603*** (9.42)	1.59256*** (5.2)	—	—
Knowledge	0.03441** (2.32)	0.16149*** (4.51)	0.14594*** (4.47)	-0.09310** (-2.1)	—	0.05553* (1.77)	—
Capital	0.16788*** (7.65)	0.14914** (2.57)	0.12336** (2.15)	—	-0.28258*** (-3.5)	0.15008*** (2.89)	—
Consume	-0.19828*** (-4.82)	-0.34714*** (-3.41)	-0.25207*** (-2.63)	—	0.60046*** (4.46)	-0.19607 (-2.18)	0.29713* (1.89)
Government	-0.25750*** (-5.68)	-0.58121*** (-4.78)	—	—	0.90462*** (5.23)	-0.29576*** (-2.7)	0.37528* (1.86)
Information	—	—	0.13391* (1.82)	—	—	—	—
Open	0.02077* (1.7)	—	—	—	0.75524* (1.65)	—	-0.09116* (-1.7)
Cons	1.11405*** (18.26)	1.02643*** (7.19)	0.76503*** (5.84)	0.35175* (1.89)	-0.74703*** (-4.05)	1.20305*** (9.6)	0.37645* (1.75)
Sigma_u	0.13475	0.26964	0.21296	0.23235	0.29244	0.22884	0.34994
Sigma_e	0.05757	0.16586	0.17739	0.27733	0.24132	0.15117	0.28861
Rho	0.84565	0.72549	0.59308	0.41243	0.59490	0.69619	0.59516

注：* 表示显著水平 $p<0.1$，** 表示显著水平 $p<0.05$，*** 表示显著水平 $p<0.01$；括号内的数值表示 z 值；"—" 表示该变量在检验过程中不显著而予以剔除。

表 7 长江中游城市群服务业及各细分行业集聚影响因素估计结果（2）

	租赁和商务服务业	科学研究、技术服务和地质勘探业	水利、环境和公共设施管理业	居民服务和其他服务业	教育	卫生、社会保障和社会福利业	文化、体育和娱乐业
$Labor$	1.21833*** (3.07)	—	-0.93713*** (-3.69)	1.67786*** (4.54)	-0.60484*** (-3.96)	-0.36843** (-2.56)	—
$Knowledge$	—	0.25581*** (7.2)	—	-0.10405** (-2.11)	—	—	0.16304** (2.29)
$Capital$	0.18514* (1.72)	0.10531* (1.96)	0.14029** (2.16)	—	0.26609*** (6.85)	0.27659*** (7.56)	—
$Consume$	-0.30077* (-1.81)	-0.20528* (-1.84)	—	—	-0.32910*** (-4.57)	-0.30176*** (-4.44)	—
$Government$	—	—	-0.48769*** (-3.61)	—	-0.38951*** (-4.84)	-0.39593*** (-5.23)	—
$Information$	—	0.15884** (2.47)	—	—	—	—	—
$Open$	—	—	—	—	—	0.03380* (1.66)	—
$Cons$	0.56678** (2.45)	0.25746* (1.78)	1.41421*** (8.24)	—	1.57103*** (14.91)	1.43623*** (14.41)	0.89256*** (3.07)
$Sigma\_u$	0.27349	0.33500	0.37652	0.23998	0.22676	0.22080	0.66615
$Sigma\_e$	0.36431	0.15727	0.18663	0.34761	0.10407	0.09986	0.30595
Rho	0.36043	0.81940	0.80277	0.32278	0.82601	0.83019	0.82581

注：* 表示显著水平 $p<0.1$，** 表示显著水平 $p<0.05$，*** 表示显著水平 $p<0.01$；括号内的数值表示 z 值；"—" 表示该变量在检验过程中不显著而予以剔除。

（三） 实证结果

本文采用随机效应模型对长江中游城市群服务业各细分行业影响因素进行分析，分析结果如表 6 和表 7 所示。通过分析可以发现：

（1）从服务业整体角度看，劳动密集度、知识密集度、资本密集度和对外开放程度对服务业集聚有正的显著影响，信息化水平对长江中游城市群服务业集聚无显著影响，相对消费购买力和政府对经济活动的参与度的影响为负。其中，相对消费购买力对服务业集聚的影响效果与假说 4 相矛盾。可能的解释是：当该地区消费购买力超过一定水平后，对外地服务业的消费购买力也增加，从而削减了对本地服务的需求。

（2）从服务业各细分行业角度看，以上影响因素对不同服务行业的影响效果有所不同。其中，以 0.05 显著性水平为标准，住宿和餐饮业（I），卫生、社会保障和社会福利业（Q）的集聚水平受到 5 个影响因素的显著影响；文化、体育和娱乐业（R）集聚水平的影响因素单一，仅受知识密集度的显著影响。

（3）从影响因素角度看，各个因素对服务业各细分行业的影响显著作用不一样，其影响效果也不尽相同。一种解释是：不同服务行业的行业性质各不相同。以住宿和餐饮业为例，住宿和餐饮业的准入门槛相对较低，是许多创业者获取初始资本的首选行业，然而固定资本投入会形成沉没成本，过多的资本投入需要较长的回收时间，因此资本密集度就可能会对住宿和餐饮业集聚产生负作用。

四　主要结论和政策建议

基于上述实证分析结果，可得出如下基本结论。

（1）从区域视角而言，四大省区、各城市服务业集聚水平呈现显著差异。从省区层面看，湖北省服务业集聚水平最高，湖南省次之，安徽省和江西省最低；从城市角度来看，合肥、南昌、武汉和长沙四个省会城市在大多数服务行业上都拥有较高的集聚水平。

（2）从行业视角而言，长江中游城市群服务业各行业集聚水平普遍偏低。其中，住宿和餐饮业，租赁和商务服务业，居民服务和其他服务业的集聚水平相对较高；文化、体育和娱乐业，水利、环境和公共设施管理业，金融业集聚水平较低。

（3）从影响因素而言，劳动密集度、知识密集度、资本密集度和对外开放程度对长江中游城市群服务业整体集聚有正的显著影响，信息化水平对长江中游城市群服务业集聚无显著影响，相对消费购买力和政府对经济的参与度的影响为负。就服务业各细分行业而言，影响因素显著性与影响效果因行业异质性而各异。

根据以上结论，提出以下政策建议。

（1）根据城市能级推动服务业错位发展。长江中游城市群各城市应根据城市能级差别，错位发展服务业。武汉、长沙、合肥、南昌四个省会城市应在发展生活性服务业的同时，适度优先发展生产性服务业。政府可通过规划引导和激励政策，引导服务业在省会城市、地级市中心城市城区、园区集聚，建设服务业集聚区。中小城市（县级市、区）和小城镇则应积极发展生活性服务业和公共服务业。

（2）通过制度创新和技术创新促进服务业创新发展。在制度创新方面，地方政府一方面需加大对服务业市场的规范和监管力度，出台相应的服务规范标准，促成和谐竞争的服务业发展市场格局；另一方面需打破现有服务业发展方面的体制机制束缚，降低服务业准入门槛，提升服务业市场竞争水平。在技术创新方面，地方政府一方面可通过构建人才引进通道、建立高校产学研合作机制、加强人力资源再开发等多种手段，提高具有创新意识和创新能力的服务业人才供给水平；另一方面可通过制定服务业创新发展战略、出台服务业创新鼓励政策、增加科技投入、完善知识产权保护法规等手段，提升服务企业的创新动力，从而提升地方服务业整体技术创新水平。

（3）实施对内对外开放战略促进服务业快速发展。一是要积极促进长江中游城市群服务业外包业务发展，鼓励制造业企业将非核心业务外包出去，促进地方生产性服务业发展，提高制造企业核心竞争力；二是积极承接东部沿海发达地区、国外服务业转移，促进服务业升级；三是鼓励服务业企业外向发展，积极参与国内国际竞争，创建具有国内国际影响力的服务业品牌。

参考文献

[1] 张旺，申玉铭. 京津冀都市圈生产性服务业空间集聚特征 [J]. 地理科学进展，2012（6）.

[2] 刘斯敖. 产业集聚测度方法的研究综述 [J]. 商业研究，2008（11）.

[3] 任英华，邱碧槐. 现代服务业空间集聚特征分析——以湖南省为例 [J]. 经济地理，2010（3）.

[4] 任英华，邱碧槐，王耀中. 服务业集聚现象测度模型及其应用 [J]. 数理统计与管理，2011（6）.

[5] 金荣学，卢忠宝. 我国服务业集聚的测度——地区差异与影响因素研究 [J]. 财政研究，2010（10）.

[6] 胡霞. 产业特性与中国城市服务业集聚程度实证分析 [J]. 财贸研究，2009（2）.

[7] 金煜，陈钊，陆铭. 中国的地区工业集聚：经济地理、新经济地理与经济政策 [J]. 经济研究，2006（4）.

生产性服务业促进产业结构
优化升级的机理研究[*]

——以武汉城市圈为例

摘　要：生产性服务业促进产业结构优化升级的作用表现为对产业结构合理化、产业结构高级化的推动。从生产性服务业促进产业结构优化升级视角，研究武汉城市圈产业结构优化升级问题是一个新的学术议题。武汉城市圈产业结构在总体上呈现工业化中期阶段特征。推动武汉城市圈产业结构优化升级的战略路径宜选择生产性服务业大发展为突破口，促进服务业升级和规模扩展，促进生产性服务业与制造业互动发展，促进生产性服务业和农业融合发展，从整体上提升武汉城市圈产业结构合理化和高级化水平。

关键词：产业结构　生产性服务业　产业融合　优化升级

一　引言

（一）问题提出

武汉城市圈系湖北省域内正在成长中的城市聚合体，成员包括 1 个副省级省会城市（武汉市）、5 个地级市（孝感市、鄂州市、黄石市、黄冈市、咸宁市）和 3 个省直管县级市（天门市、潜江市、仙桃市）。武

---

* 曾原题刊载于《区域经济评论》2014 年第 2 期。执笔人：吴传清、周晨晨。

汉城市圈于 2007 年被批准为"全国资源节约型和环境友好型社会建设综合配套改革试验区"。国务院 2008 年批复实施的《武汉城市圈资源节约型和环境友好型社会建设综合配套改革试验总体方案》明确在资源节约、环境保护、科技创新驱动、城乡统筹发展、节约集约用地、产业结构优化升级、财税金融体制、对内对外开放、行政管理体制九大重点领域开展"两型"社会建设综合配套改革试验。其中,"产业结构优化升级体制机制"改革创新试验方案强调,"以创新发展先进制造业和现代服务业的体制机制为重点",构建现代产业体系;"以发展生产性服务业为重点",发展壮大现代服务业,"促进三次产业协同带动发展"。

国家"十二五"规划纲要倡导服务业发展与产业结构优化升级相结合,强调"把推动服务业大发展作为产业结构优化升级的战略重点"。如何以现代服务业的核心——生产性服务业为突破口推动武汉城市圈产业结构优化升级,既是一个重要的理论命题,也是"两型"社会建设综合配套改革试验的重要实践命题,值得做深入的探讨。

(二) 文献回顾

学术界关于"武汉城市圈产业结构优化升级"问题研究成果的分析视角大体上有三类:

(1) 基于产业集聚视角的研究。从产业集聚视角看,武汉城市圈产业结构存在"缺乏有竞争优势的产业集群"、"中心城市与周边城市尚未完全形成分工协作格局导致集聚效应难以发挥"和"主导产业雷同难以形成优势互补的产业链"等问题,可采取"加快主导产业的优化和升级"和"优化产业集群布局"等对策(陈汉林等,2010)。

(2) 基于产业转移视角的研究。从产业转移视角看,整体尚处于工业化中期的武汉城市圈产业发展存在"层次不一"、"产业同构"和"重复投资"等问题,可针对性地承接东部和国际产业转移,统筹规划,实现一体化产业布局,促进武汉城市圈产业结构调整优化(王志银等,2011)。

(3) 基于经济低碳化视角的研究。从经济低碳化视角看,武汉城市圈产业结构存在"重工业比重大"、"能耗大"、"低碳生产技术创新不足"和"产业布局不合理"等问题,可采取开发新能源、发展环保产业、走低碳环保之路等调整策略（郑晓燕等，2012）；发挥"绿色信贷"对节能环保支持的杠杆作用，促进武汉城市圈产业结构优化（王建华，2011）。

此外，在武汉城市圈生产性服务业研究文献中，喻春娇等（2012）实证分析了武汉城市圈生产性服务业对制造业效率的提升作用；白孝忠（2010）探讨了生产性服务业对武汉城市圈"两型"社会建设的拉动作用。

综上所述，学术界从生产性服务业发展的视角深入探讨武汉城市圈产业结构优化升级的研究成果较少，相关领域亟待开拓。

（三）研究思路

本文的研究思路：构建概念模型，阐释生产性服务业促进产业结构优化升级的作用机理；实证分析武汉城市圈三次产业结构特征和服务业发展水平；从生产性服务业的视角探讨促进武汉城市圈产业结构优化升级的路径和对策。

二 依托生产性服务业促进产业结构优化升级的作用机理探讨

（一）"生产性服务业"的内涵、特征与分类标准

根据生产性服务业的性质和用途，加拿大学者格鲁伯和沃克将"生产性服务业"界定为："生产性服务是指市场化的为满足中间需求、为生产其他产品或者服务提供中间投入的服务活动，与消费性服务业相对，生产性服务业也即提供生产性服务的企业集合。"（格鲁伯、沃克，中译本，1993）与生活性服务业、公共服务业相比，生产性服务业在本质上具有"要素密集性"、"产业关联性和协调性"与"产业融合性"三大显著属性特征（刘志彪，2006）。

目前，中外学界、业界、政界关于生产性服务业的具体行业分类标准尚未达成共识。从中央政府到地方政府，中国存在着若干代表性的生产性服务业分类标准（见表1）。相比较而言，上海市生产性服务业统计分类标准最为系统、全面，生产性服务业涉及国标《国民经济行业分类》中的第一、第二、第三产业领域。

表 1　国家规划和地方标准文件中的生产性服务业分类标准一览

规划/文件名称	生产性服务业的分类
《上海生产性服务业统计分类与代码》（2013）	12 类：农业服务、制造维修服务、建筑工程服务、环保服务、物流服务、信息服务、批发服务、金融服务、租赁服务、商务服务、科技服务、教育服务
《国家服务业发展"十二五"规划》（2012）	11 类：金融服务业、交通运输业、现代物流业、高技术服务业、设计咨询服务业、科技服务业、商务服务业、电子商务服务业、工程咨询服务业、人力资源服务业、节能环保服务业
《国家"十二五"规划纲要》（2011）	4 类：金融服务业、现代物流业、高技术服务业、商务服务业
《北京市生产性服务业统计分类标准》（2009）	5 类：流通服务、信息服务、金融服务、商务服务、科技服务
《国家"十一五"规划纲要》（2006）	5 类：交通运输业、现代物流业、金融服务业、信息服务业、商务服务业

资料来源：根据相关资料整理。

（二）"产业结构优化升级"的科学内涵

从学理的严谨性而言，"产业结构优化"概念、"产业结构优化升级"概念尽管字面上略有差异，但其内涵基本上相同。"产业结构优化升级"即"产业结构合理化"和"产业结构高级化"的统称。

"产业结构合理化"强调，根据客观的经济技术联系深化产业内在关联性，提升产业聚合质量，促进产业均衡健康发展。具体包括：各产业部门结构的比例协调、供求结构配比平衡、产业结构效应的最大化。

"产业结构高级化"强调产业结构由低水平向高水平演进的过程。具体表现为：产业结构的演进和产业质量的提升；第三产业比重的上升；要素投入由劳动占主导地位向资本、技术占主导地位转变。

从"产业结构优化升级"的内涵来看，"生产性服务业"与"产业结构优化升级"二者之间存在着密切的联系。生产性服务业的三大特征属性与产业结构优化升级内涵的契合性，是依托生产性服务业促进产业结构优化升级的基础和依据。

（三）生产性服务业促进产业结构优化升级的作用机理

可从"产业结构合理化"和"产业结构高级化"的两大分析视角，深入探讨依托生产性服务业促进产业结构优化升级的作用机理议题（见图1）。

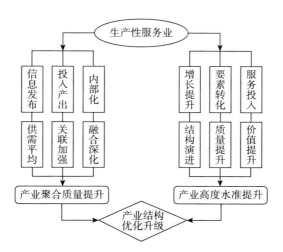

图1 依托生产性服务业促进产业结构优化升级的作用机理

就产业结构合理化而言，生产性服务业具有强大的融合性、协调性和关联性，对产业结构合理化的推动作用主要体现在三个方面：

（1）供需结构的适应。完全信息是一种理想的市场状态，信息不对称导致利益失衡和市场竞争环境的恶化，致使资源配置"非效率"。而生产性服务业一项重要的功能就是对信息的搜集和传导。生产性服务业通过向市场发布及时的信息，可充分提高企业决策的科学性，节约交易成本，进而提高市场的运行效率。生产性服务业这种"信息中枢"作用的重要结果表现为市场供需结构的适应性和应变能力的提升。通过对市场需求状况及时有效的反映，产业部门可及时地调整产出数量和产品种类等，从而实现供求结构的动态均衡，提高产业结构的调整弹性（陈宪和黄建锋，2004）。

（2）产业关联的加强。生产性服务业作为中间投入性行业，与农业、制造业和生活性服务业都有着显著的前、后向关联。这种关联体现在：一是生产性服务业为农业、制造业和生活性服务业提供技术、资金、知识、基础服务等支持，而其他产业的发展又为生产性服务业提供更为广阔的市场、创新空间和技术性支持，二者相互服务、相互依赖；二是生产性服务业与其他产业的发展并非以削弱彼此为前提，生产性服务业发展为其他产业提供更为有利的技术、资金等生产要素保障，而其他产业发展又可促进生产性服务业规模扩张和发展空间拓展。

（3）要素、产业融合的深化。随着需求结构的不断变化，出现"产品服务化"趋势，相应地对生产性服务业提出"内部化"的要求。最终产品生产者不仅需要改进"产品"功能，而且还要致力于顾客的全程参与以及提供与"产品"相关的精细化服务，使"服务"成为"产品"功能的必要外延。制造业、农业等产业的再生产对生产性服务业投入的需求日益增加，如软件开发、产品创新、市场调研、金融、物流等已成为产品生产的重要投入要素。最终产品的生产与服务融合的过程，亦即服务业内部化过程，产业间的相互融合与渗透，实质上是产业耦合、互补、协调发展过程，进而提高生产的集约化程度和产业间的关联程度（高觉民和李晓慧，2011）。

就产业结构高级化的内涵而言，可分为产业结构的改进、产业质量的提升两个层次。生产性服务业对产业结构高级化的推动作用主要体现在三个方面：

（1）产业总体结构的高级化。生产性服务业发展的一个直接结果表现为促进服务业的发展壮大，从而推动产业结构的高级化。作为知识密集型服务业，生产性服务业的发展可有效地推动服务业内部结构的高级化；生产性服务业作为知识的"转化器"，通过对新产品、新技术的不断研发和自身从生产环节的不断分化过程中形成新兴产业，新兴产业的产生、发展是产业结构高级化的重大表现。

（2）产业内部质量的改善提升。享有"产业黏合剂"美誉的生产性服务业是技术、知识、人才、信息转化为实际生产力的桥梁和纽带，通过生产决策、信息咨询、产品技术研发、融资服务、担保服务、保险服务、品牌、营销等途径，将抽象的知识要素转化为实际的产品或服务。

随着原有要素投入结构的改变，推动产业向知识密集型方向转化，从而促进生产率提高、节约成本和可持续发展。

（3）产业附加价值的提升。产业附加价值的获得主要依赖于产业链延伸，即对上游研发阶段、下游流通阶段的高额附加价值获取。生产性服务业对产业价值链的作用主要体现在价值链的四个阶段，即在管理决策阶段，市场调研、信息咨询、法律保障等服务的投入，是产品价值顺利实现的前提；在研发阶段，产品设计、技术研发以及与此相关的人力资本投入，是提高产品附加价值的基础和关键；在生产阶段，会计、人力资源管理、设备维修、质量检测等相关服务投入，可有效地促进节约生产成本、提高生产效率，进而扩大生产阶段的价值空间；在流通阶段，销售推广是实现商品价值的手段，与之相关联的生产性服务有品牌设计、广告、物流、金融以及相关的售后服务等。以制造业为例，采用"微笑曲线"表现生产性服务业对产品附加价值的提升作用（见图2），主要体现在：一是生产性服务业对产业链的整体作用，即对价值链各个环节价值空间的提升作用，表现为"微笑曲线"整体向上平移；二是生产性服务业对价值链的延伸，使其从单一的生产环节扩展至以上四个阶段，从而实现更高的附加价值。

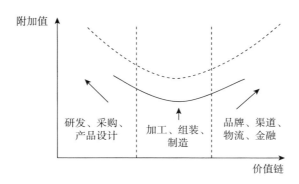

图2　生产性服务业对制造业"微笑曲线"的作用和影响

（四）生产性服务业促进产业结构优化升级的路径

依据生产性服务业促进产业结构优化升级的作用机理，生产性服务业的作用大体表现为"投入作用"和"发展作用"两大方面（见图3）。

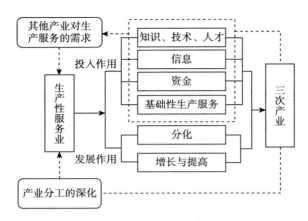

图3　生产性服务业与三次产业联动发展路径

（1）投入作用。投入作用的发挥主要依赖于对其他产业的服务产品投入，具体分为四个层面，即知识、技术和人才的投入；信息投入；资金投入；基础性生产服务（包括仓储、物流、租赁等）投入。这些生产性服务通过产业关联、产业融合等途径推动产业结构优化升级。

（2）发展作用。发展作用首先表现为生产性服务业"量"的增长和"质"的提高；其次是生产性服务业的分化，分化既包括生产性服务业从其他产业中分离、独立发展，又包括其内部的进一步细分。产业结构优化升级进程和结果进一步推动生产性服务业发展，更高的产业发展阶段要求更大规模的生产性服务投入，更高水平的产业结构需要更高层次的技术、知识等生产要素投入，生产性服务业只有不断加快创新速度、提高服务水准、扩大服务规模，才能与之匹配。

三　武汉城市圈三次产业结构特征、
服务业发展水平的实证分析

（一）武汉城市圈三次产业结构演进的总体特征

（1）产业结构处于工业化中期阶段。2012 年，武汉城市圈第二产业所占比重接近 49.5%，占据绝对的主导地位。从 2001—2012 年武汉城市圈三次产业比重变化走势来看，以 2006 年为界，2001—2005 年第三产业

所占比重略高于第二产业；2006—2012 年武汉城市圈第二产业所占比重超过第三产业所占比重，第二、第三产业所占比重的差距呈逐步拉大趋势（见图 4）。就武汉城市圈产业结构的演进趋势而言，未来仍然是以稳固发展第二产业为主，但第三产业存在着巨大的发展空间和发展潜力。

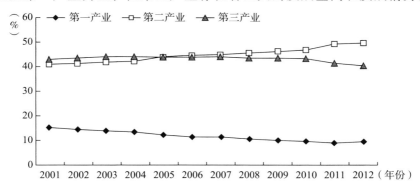

图 4　2001—2012 年武汉城市圈三次产业增加值占地区生产总值比重变化

数据来源：整理自《湖北统计年鉴 2013》（中国统计出版社，2013）、《武汉统计年鉴 2012》（中国统计出版社，2012）、《黄石统计年鉴 2012 特刊》（中国统计出版社，2012）、《黄冈统计年鉴 2011》（中国统计出版社，2012）、《鄂州统计年鉴 2011》（中国统计出版社，2012）、《咸宁统计年鉴 2012》（中国统计出版社，2012）、《孝感统计年鉴 2010》、《潜江统计年鉴 2011》、《仙桃统计年鉴 2011》、《天门统计年鉴 2011》。

（2）产业结构优化升级程度稳步提升，但速度放缓。产业结构优化率（ISR）是衡量产业结构优化升级程度的一种简便测度方法。从 2001—2012 年武汉城市圈产业结构优化率的具体数值变化（见表 2）可以看出，武汉城市圈第二、第三产业增加值之和占 GDP 的比重不断提升，表明武汉城市圈产业结构优化升级程度稳步提升。但就产业结构优化率变化来看，近年来武汉城市圈产业结构优化升级程度的提升速度呈现轻微的放缓趋势。

表 2　武汉城市圈 2001—2012 年产业结构优化率（ISR）及变化

单位：%

年份	产业结构优化率	产业结构优化率变化
2001	84.444	—
2002	85.217	0.907

续表

年份	产业结构优化率	产业结构优化率变化
2003	85.821	0.703
2004	86.322	0.581
2005	87.201	1.008
2006	88.234	1.170
2007	88.322	0.100
2008	89.082	0.853
2009	89.662	0.647
2010	90.066	0.448
2011	90.591	0.580
2012	90.248	−0.004

注：产业结构优化率（ISR）＝（第二产业增加值＋第三产业增加值）/地区生产总值
资料来源：同图 4。

（二）武汉城市圈服务业发展水平分析

就武汉城市圈服务业（第三产业）发展水平而言（见表 3、表 4、图 5），呈现以下特点：

表 3　武汉城市圈九市 2011 年三次产业增加值占地区生产总值比重

单位：%

城市	第一产业		第二产业		第三产业	
	2011 年	2012 年	2011 年	2012 年	2011 年	2012 年
武汉	2.94	3.76	48.12	48.22	48.94	48.02
潜江	14.99	8.25	54.38	61.96	30.63	29.79
咸宁	17.43	12.35	48.4	60.03	34.17	27.61
黄冈	20.61	20.36	42.31	47.83	37.08	31.81
鄂州	12.42	27.20	59.04	39.67	28.53	33.13
孝感	20.36	18.79	47.35	48.11	32.29	33.10
仙桃	16.8	16.56	49.27	52.48	33.93	30.96
天门	23.19	13.65	49.68	58.90	27.13	27.45
黄石	7.5	21.47	62.99	51.19	29.51	27.34
总体水平	9.41	9.75	49.21	49.50	41.38	40.75

数据来源：整理自《湖北统计年鉴 2012》（中国统计出版社，2012）、《湖北统计年鉴 2013》（中国统计出版社，2013）。

表 4　2011 年武汉城市圈九市主要服务业行业增加值占第三产业增加值的比重

单位：%

城市	交通运输、仓储和邮政业	金融业	住宿和餐饮业	批发和零售业	房地产业	信息传输、计算机服务和软件业
武汉	10.12	12.03	6.47	20.73	10.34	4.50
潜江	15.27	5.27	14.95	23.81	10.31	1.62
咸宁	11.55	3.60	11.13	17.73	9.90	0.85
黄冈	11.11	4.34	7.12	19.33	11.16	5.33
鄂州	19.32	3.23	8.16	18.00	8.52	4.58
孝感	10.60	4.86	7.13	21.27	12.01	5.25
仙桃	12.81	4.69	8.78	28.45	14.43	5.69
天门	9.31	3.45	16.34	23.93	13.12	3.12
黄石	17.28	8.09	7.30	23.22	10.02	4.19
总体水平	11.10	9.81	7.23	20.91	10.55	4.37

数据来源：同图 4。

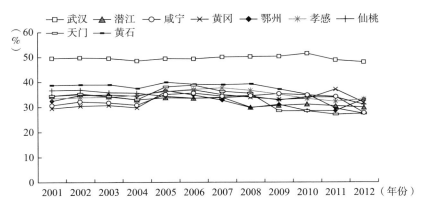

图 5　2001—2012 年武汉城市圈九市第三产业增加值占地区生产总值比重的变化走势

（1）整体水平不高。2012 年武汉城市圈服务业所占比重为 40.75%，比 2011 年有所下降。除武汉市（48.02%）之外，其他城市服务业所占比重多徘徊在 30% 左右。

（2）发展速度缓慢。2001 年以来，武汉城市圈九市服务业所占比重并无太大变动，2008 年以后甚至出现轻微的下降趋势。

（3）城市间发展水平不平衡。从总量上来看，2012 年武汉市服务业增加值占武汉城市圈服务业增加值的 67.93%，"一城独大"。从城市间的横向比较来看，武汉市服务业增加值所占比重高达 48.02%，而天门市服务业增加值所占比重仅 27.34%，差距明显。

（4）服务业内部结构不平衡。就武汉城市圈服务业内部结构而言，比重最高的行业为批发和零售业；其后为金融业，房地产业，交通运输、仓储和邮政业；而信息传输、计算机服务和软件业所占比重最低。由交通运输、仓储和邮政业，金融业，信息传输、计算机服务和软件业等构成的生产性服务业所占的比重低于生活性服务业（包括批发和零售业、住宿和餐饮业、房地产业等）所占比重。

四 以生产性服务业大发展为突破口促进武汉城市圈产业结构优化升级的路径和对策

承担"两型"社会综改试验使命的武汉城市圈在未来相当长时期仍将处于工业化中期快速发展阶段，新型工业化、信息化、城镇化、农业现代化的协同互动发展需要服务业的强力支撑。以生产性服务业作为现代服务业发展的突破口和重要支撑点，推动生产性服务业与制造业、生产性服务业与农业的深度融合和"产业链嵌入"，充分发挥生产性服务业深度参与产业结构战略调整的作用，是促进武汉城市圈产业结构优化升级的必由之路。

（一）推进路径

（1）以生产性服务业大发展为突破口和立足点，推动武汉城市圈服务业结构优化升级。大力发展生产性服务业是推动服务业结构优化升级的重要途径。在坚持生产性服务业与生活性服务业并重发展的原则下，优先发展武汉城市圈生产性服务业，按照产业化、规模化和标准化理念，不断扩大生产性服务业发展规模，提升生产性服务业发展质量，提高生产性服务业在服务业增加值中所占的比重，促使生产性服务业所占比重高于生活性服务业所占比重，从而调整优化服务业内部的行业结构。结合武汉市创建国家中心城市战略,积极支持武汉大力发展具有资源优势、竞争优势和市场需求潜力的生产性服务业,发展壮大生产性服务业规模,推动武汉努力建设成为"生产性服务业中心城市",在"中心－外围"的空间框架下不断提升武汉生产性服务业的扩散效应和辐射力,促进武汉城市圈生产性服务业的合理分工协作,从而优化武汉城市圈服务业内部的地区结构。

(2)以生产性服务业大发展为突破口和立足点,推动武汉城市圈制造业结构优化升级。遵循生产性服务业与制造业融合发展的经济规律,围绕武汉城市圈制造业转型升级,突破性地发展金融服务业、高技术服务业、商务服务业、节能环保服务业、现代物流业等生产性服务业,促进生产性服务业与制造业协同发展,在产品研发、技术创新、节能减排、投融资、保险、物流、市场推广等关键环节建立长期契约化的战略合作伙伴关系,不断催生新技术、新工艺、新产品,促进制造业经营管理的重点由"生产"转向"研发"、"生产"和"服务"相结合,推动制造业向技术密集型、知识密集型、创新驱动、低碳化、高端化方向持续发展,提升制造业竞争力。

(3)以经营性农业生产性服务业大发展为突破口和立足点,推动武汉城市圈农业结构优化升级。围绕加快武汉城市圈农业现代化进程,坚持公益性服务与经营性服务业相结合原则,要重视发展农技推广服务等公益性农业生产性服务业,更要重视突破性地发展经营性农业生产性服务业(如农产品市场信息咨询服务、农产品质量检验检测服务、农产品冷链物流服务、农业金融服务等),推动经营性农业生产性服务业与农业的深度融合、互动、共生发展,提高农业综合竞争力,推动农业结构优化升级。

(二)推进对策

(1)创新制度安排,推动生产性服务业持续健康发展。一是编制武汉城市圈服务业发展专项规划。根据国家、湖北省服务业发展"十二五"规划的总体部署,基于科学性、前瞻性的视角编制武汉城市圈服务业发展专项规划,切实突出生产性服务业的战略地位,明确生产性服务业发展的重点领域和空间布局，策划一系列重大项目，引领、推动生产性服务业科学、有序、健康、持续、高效发展。二是完善生产性服务业政策体系（财税政策、金融政策、土地政策、能源供给政策、价格政策、人力资源政策），充分发挥服务业发展引导资金的"杠杆作用"，积极支持武汉城市圈生产性服务业的薄弱环节、关键领域和新兴行业发展。三是发挥政府业务主管部门、相关行业协会、龙头企业的主体作用，建立健全生产性服务业标准体系。

（2）加强载体建设，促进生产性服务业集聚发展。一是加强武汉城市圈内的开发区、中心城区商务楼宇、总部经济区等载体建设，引导生产性服务企业集聚发展。二是加强武汉城市圈内的现代服务业集聚区、生产性服务业集聚区等功能区规划建设，完善公共服务平台建设，引导生产性服务企业集聚发展。

（3）坚持改革开放，促进生产性服务业跨越式发展。一是积极申报、推进国家服务业综合改革试点和省级现代服务业示范区试点建设，探索有利于生产性服务业发展的体制机制和有效途径。二是通过承接服务业务外包、吸引直接投资等形式，积极承接国际和东部沿海发达地区生产性服务业转移。三是组建武汉城市圈生产性服务业联盟，加强对内开放合作。

参考文献

[1] 陈汉林，韩梅．基于集聚视角的武汉城市圈产业结构优化研究［J］．湖北职业技术学院学报，2010（13）．

[2] 王志银，寿志敏．基于产业转移视角下武汉城市圈产业结构调整与优化［J］．时代经贸，2011（24）．

[3] 郑晓燕，杨慧彬，王亚玲．武汉城市圈产业结构调整低碳化策略研究［J］．现代经济信息，2012（5）．

[4] 王建华．"绿色信贷"与武汉城市圈产业结构优化研究［J］．湖北经济学院学报，2011（12）．

[5] 喻春娇，肖德，胡小洁．武汉城市圈生产性服务业对制造业效率提升作用的实证

［J］. 经济地理，2012（5）.

［6］白孝忠. 生产性服务业对两型社会建设的拉动作用——以武汉城市圈为例［J］. 江苏商论，2010（5）.

［7］赫伯特·G. 格鲁伯，迈克尔·A. 沃克. 服务业的增长：原因与影响［M］. 陈彪如，译. 上海：上海三联书店，1993.

［8］刘志彪. 论现代生产者服务业发展的基本规律［J］. 中国经济问题，2006（1）.

［9］党耀国，等. 区域产业结构优化理论与实践［M］. 北京：科学出版社，2011.

［10］陈宪，黄建锋. 分工、互动与融合：服务业与制造业关系演进的实证研究［J］. 中国软科学，2004（10）.

［11］高觉民，李晓慧. 生产性服务业与制造业互动机理：理论与实证［J］. 中国工业经济，2011（6）.

武汉城市圈发展的战略思路与对策研究[*]

摘　要：通过调研与分析，指出武汉城市圈的发展必须树立新的发展观，构建协调发展机制，依托制度创新，有重点地推进。

关键词：城市圈　新发展观　协调发展机制　战略重点

由 1 个副省级城市（武汉）、5 个地级市（黄石、黄冈、鄂州、孝感、咸宁）、3 个省管县级市（仙桃、天门、潜江）所组成的城市区域集合体——武汉城市圈是湖北省人口、产业、城市最为密集的经济区域（许学强等，1997）。积极发展武汉城市圈是推动湖北省域空间结构重组优化、提升武汉市乃至湖北省区域竞争力的战略选择。

一　发展武汉城市圈应树立四种新发展观

（一）树立区域一体化的发展观

（1）树立区域要素市场一体化的新发展观。以资本、技术、产权、劳动力等区域一体化要素市场体系建设为突破口，促进生产要素的自由流动和优化配置。

（2）树立区域产业发展一体化的新发展观。以市场为导向，以企业为主体，以资本为纽带，以产业链为主线，推动圈域内产业的合理分工，

---

* 曾原题刊载于《科技进步与对策》2005 年第 2 期。执笔人：吴传清、付佳、李浩、陈矗。

壮大具有市场竞争力的产业集群，提高圈域产业整体竞争力。

（3）树立城乡空间发展一体化的新发展观。统筹规划圈域内城乡协调发展，构建与区域经济一体化相适应的区域城镇职能体系、规模等级体系和空间结构体系。

（4）树立区域基础设施建设一体化的新发展观。以交通、通信基础设施建设为突破口，统筹规划，网络化协同建设，为城市圈发展提供高效运转的基础支撑条件。

（二）树立区域产业集群化的发展观

产业经济学中的产业聚集理论强调区域产业聚集可以引导区域内外生产要素的流动和配置，吸引众多厂商聚集，引发外部经济效应；可节约前后关联企业的运输成本、信息搜集成本、市场开发成本等空间交易成本，有利于企业间相互学习，引发知识溢出效应、学习与创造效应、追赶效应，有利于形成区域性行业规模优势，培育具有持久竞争力的区域产业品牌（姚士谋等，2001）。发展武汉城市圈应树立产业集群化的新发展观，依托圈域内的资源比较优势和产业比较优势，有机整合，培育、壮大若干具有市场竞争力的区域特色产业群，促进区域产业分工协作，从而提升区域产业竞争力。

（三）树立区域整合营销的发展观

市场营销学中的整合营销理论强调市场营销活动中的各要素应具有关联性，成为一个统一的有机体，各种营销要素的作用应统一方向，形成合力，共同为企业的营销目标服务（殷增涛等，2003）。城市圈发展的核心是推动区域内各成员城市的深度整合。将整合营销理论运用到武汉城市圈的发展实践，树立区域整合营销的新发展观，具有十分重要的理论创新意义。

（1）树立观念整合观。在观念上应加强对武汉中心城市地位和作用的认同感。武汉处于不可替代的中心城市地位，武汉的发展对周边地区具有"龙头"型的辐射作用。武汉必须依托武汉城市圈这一空间载体，才能做大做强，其他城市要从依"武"而昌的战略高度融入武汉城市圈，与武汉合力共建城市圈，在更广大的空间内配置资源，谋求"互补"、"互促"和"多赢"效应。

（2）树立资源整合观。一是整合交通、通信等基础设施资源，共建区域大交通网和信息网，强化各城市之间的联系。二是整合科教资源，共建区域创新系统，提高区域创新能力。整合旅游资源，共建武汉旅游圈，提升区域旅游品牌形象。整合工农业资源，优势互补，减少结构趋同和盲目竞争，合力培育区域特色产业群。

（3）树立制度整合观。整合财税、工商、外贸、金融、城建、公安、交管、人才流动等方面的政策，提高各项政策的一致性，共同改善区域投资软环境。

（四）树立区域后发优势的发展观

发展经济学中的"后发优势"理论强调后发地区可借鉴先发地区的经验，实现跳跃式发展（上海证大研究所，2003）。尽管武汉城市圈的发展水平远远落后于珠三角、长三角、环渤海三大都市圈，发展步伐也落后于湖南的长株潭城市圈、南京都市圈，但应树立后发优势的新发展观，实现跳跃式发展。一是借鉴长株潭城市圈经验，创建权威性区域协调组织，促进城市圈有序发展。二是借鉴南京都市圈经验，编制城市圈发展规划，推动城市圈健康发展。三是吸取珠三角城市圈教训，注重生态环境治理，实现城市圈可持续发展。

二　发展武汉城市圈应构建三种协调发展机制

（一）构建权威性区域协调机制

借鉴长三角模式和长株潭模式突破城市行政区管理体制界限，创设如下协调组织：

（1）创设武汉城市圈协调领导小组。省长任组长，分管经济工作的副省长为副组长，9市市长和省直有关部门负责人为成员。协调领导小组的职能定位为议事决策机构，职责定位为就有关城市圈协同建设的重大问题进行研究、协调、规划，并制定相关政策。

（2）创设武汉城市圈协调领导小组办公室。领导小组办公室常设在省发改委，由省发改委主任兼任办公室主任。领导小组办公室的职能定位为常设办事机构，行使实施职责和监督职责。

（3）创设武汉城市圈市长联席会议。市长联席会议常务主席方为武汉市，常设联络处设在武汉市人民政府经济协作办公室。市长联席会议可定期或不定期举行，其职责定位为就关系共同利益发展问题进行沟通、协商。

（4）创设武汉城市圈建设决策咨询委员会。成员由专家学者、企业家、省直有关部门和9市有关部门领导组成。其职能定位为决策咨询机构，行使咨询职责，为城市圈建设问题提供经过科学论证的方案。

（二）构建区域资源共享机制

（1）构建区域信息资源共享机制。依托区域一体化信息网络，各城市共享圈域内公开交流的电子政务信息、工农业产品供求信息、招商引资信息、人力资源信息、产权交易信息、企业信用信息等网络信息资源。

（2）构建区域科教资源共享机制。推动区域产学研一体化，推动武汉市高校与周边城市联合办学或开办分校，促进武汉的科教优势资源服务于武汉及周边城市，实现区域科教资源共享。

（3）构建区域旅游资源共享机制。推动城市圈域联合开发旅游资源，共同推介区域精品旅游线路，实现区域旅游资源共享。

（4）构建区域品牌资源共享机制。各城市均可依托"武汉城市圈"和"大武汉"区域品牌招商引资、招才引技和引智；均可依托"武汉旅游圈"区域品牌进行旅游促销；均可在产业对接与合作的基础上，依托"中国光谷"、"中国药谷"和"中国汽车城"区域产业品牌进行产品促销。

（三）构建区域利益共享机制

企业注册地与投资者所在地之间的利益分配冲突问题通过实施"利益分成"政策消弭。对投资主体跨行政区的横向经济联合、投资等经济活动，相关的城市可按投资比例共同分享产值、销售收入和税收。借此构建城市圈域内的利益共享机制，促进各地政府鼓励本地企业参与区域合作与竞争，在做大做强整个"武汉城市圈"大蛋糕的基础上实现各自的利益诉求目标。

三　发展武汉城市圈应确立四大战略重点

（一）强化武汉中心城市的功能建设

城市圈域中心城市在城市圈的发展中主要发挥极化、扩散、创新等功能效应以及圈域服务、调控、调节等功能效应。尽管武汉的综合中心性指数在全国排名仅次于上海、北京、广州、深圳、天津5市，但武汉作为武汉城市圈中心城市，其自身经济实力以及集聚功能、扩散功能也不够强大。武汉应大力提高经济发展水平，完善金融、物流、信息、科技、旅游集散地五大中心功能，提升城市的综合聚散功能，努力发展成为名副其实的圈域"龙头"。武汉的中心城市功能可定位为：圈域行政调节中心、资源要素配置与调控中心、商贸服务中心、信息服务中心、旅游服务中心、教育服务中心、技术创新与扩散中心。

（二）加强交通网、信息网、能源网、流通网建设

（1）加强交通网建设。加强公路、铁路、航道、港口等交通基础设施的协同建设，构筑圈域水、陆、空立体化的交通网络，实现圈域内城际交通联系的"高速化"和"公交化"。

（2）加强信息网建设。完善综合化、宽带化、智能化的信息化基础设施，建设以武汉为中心的"武汉城市圈信息高速公路"，构建圈域城际间多网互联互通、信息资源共享的一体化信息网络。

（3）加强能源网建设。着眼于城市圈域发展对电力能源的需求，完善圈域电力设施网络，实现同网同价，提高圈域电能保障能力。统筹规划及建设圈域内各市"忠—汉"线西气东输管道，实现圈域供气管网化。

（4）加强流通网建设。依托武汉城市圈的经济、区位优势，组建、壮大运营网络覆盖整个圈域的大型物流企业集团，完善区域消费品市场网络体系和生产资料市场网络体系，加强武汉城市圈商贸吸纳和辐射能力，力争发展成为长江流域重要的商品集散地、长江中游地区商贸中心和现代物流中心。

（三）培育区域一体化的要素市场

（1）培育区域一体化的金融市场。依托武汉作为央行区域分行所在地的优势，推进武汉区域性金融中心建设，充分发挥武汉金融中心辐射、服务区域的功能。推动金融服务产品创新，争取发行区域性项目债券、企业债券、区域建设政府债券，推动区域债券市场建设。推进圈域内商业银行的联合，创造并扩大"金融同城"效应。引导信托投资等非银行金融机构健康发展。积极发展产业投资基金、证券投资基金和中小企业贷款担保基金，提升城市圈资本市场的服务功能。

（2）培育区域一体化的产权市场。整合各城市现有产权交易市场，构建以武汉产权交易中心为枢纽的城市圈域一体化的产权交易市场网络，联合筹建"武汉城市圈产权交易信息网"，依托一体化的产权市场促进圈域内资产优化重组。

（3）培育区域一体化的技术市场。充分利用武汉高等院校、科研院所众多的智力资源优势，统筹规划、有序建设多元化技术市场，推动圈域内产学研一体化，构建区域技术创新体系，提高城市圈的整体技术创新能力。

（4）培育区域一体化的人力资源市场。以整合各城市现有的人才市场、劳动力市场为突破口，构筑区域一体化的人力资源市场网络平台，为圈域经济发展提供高素质的人才和劳动力。

（四）壮大一批区域特色产业群

（1）依托"武汉·中国光谷"，整合东湖高新区、武汉开发区、葛店高新区等园区的产业资源优势，壮大武汉城市圈光电子信息产业群，提升"中国光谷"品牌形象。

（2）依托"武汉·中国汽车城"，整合武汉、孝感、黄冈和黄石4市的产业资源优势，壮大武汉城市圈汽车产业群，提升"中国汽车城"品牌形象。

（3）依托"武钢"、"鄂钢"和"冶钢"，整合武汉、鄂州、黄石3市的产业资源优势，壮大武汉城市圈钢铁产业群，提升"鄂东冶金工业走廊"品牌形象。

（4）依托"中国药谷"品牌效应，整合武汉、潜江、鄂州、黄冈 4 市的产业资源优势，壮大武汉城市圈生物工程及医药产业群，提升"中国药谷"品牌形象。

（5）依托"汉派"服饰品牌效应，整合武汉、黄石、鄂州、仙桃 4 市的产业资源优势，壮大武汉城市圈纺织服装产业群，提升"汉派"服饰品牌形象。

四　发展武汉城市圈应采取八大促进对策

（一）编制武汉城市圈发展规划

在武汉城市圈协调领导小组的领导下，组织由省内外专家学者、中央有关部门领导、省直有关部门领导、9 市有关部门领导联合组成的规划编制小组，广泛征求社会各界意见，立足于经济全球化、区域经济一体化的战略高度，分别编制武汉城市圈大交通网建设、信息网建设、流通网建设、能源网建设、生产要素市场建设、城镇体系建设、产业群发展等专题规划，以专题规划为基础，最后形成《武汉城市圈发展总体规划》。在条件成熟时，以立法的形式形成法律文件，确保其权威性。

（二）推行联合招商引资制度

共建武汉城市圈重点开发项目库，整合、筛选高质量的招商引资项目，构筑共同联合招商引资的信息平台。共享"大武汉"和"武汉城市圈"等区域品牌资源，"组团招商"，"捆绑招商"，提高招商引资的质量与效率。共享"武洽会"、"武博会"、"食博会"和"医药节"等区域会展品牌资源，构筑联合招商平台，扩大招商引资的促销效应。

（三）推行旅游协作开发与联合促销制度

整合武汉城市圈域内的优势旅游资源，立足于整体规划、差异化定位、一体化开发，共建旅游信息网络，联合促销，合力推动城市圈旅游业的共同发展，联手打造、提升"武汉旅游圈"品牌形象。

（四） 创建区域共同发展基金制度

由省政府和 9 市政府共同筹资，创设武汉城市圈共同发展基金，为区域共享的公共服务设施、基础设施提供建设基金，满足跨行政区规划项目的建设资金需求，避免区域内的重复建设，优化区域建设资金利用效率，提高区域社会福利水平。

（五） 创建区域中小企业贷款担保基金制度

整合政府资源与社会民间资源，创建武汉城市圈中小企业贷款担保基金，完善武汉城市圈中小企业贷款担保体系，为区域内的中小企业发展提供强有力的资金支持，提高其"造血"功能，充分发挥中小企业在区域资源要素配置中的积极作用。

（六） 推行产权分税制度

按照"谁投资，谁受益"的原则，设计产权分税制，保障企业注册地与投资者所在地均有权分享一定数量的地方税，借此消除地方政府针对企业对外投资设置的障碍，促进社会资源向优势区域转移。

（七） 清理整顿税费政策，推动城市圈税费一体化

武汉城市圈域内的各城市应联合协作，共同清理整顿地税、行政性事业收费、招商引资的税费优惠等税收政策，积极推进城市圈税费一体化改革，消除因税费政策的地区差别而引发的不良竞争现象。

（八） 推行区域市民待遇制度

改革传统户籍制度，打破人才引进的城市户籍壁垒，协调统一武汉城市圈域内的户籍，创造"户籍同城效应"，为人才、劳动力资源的流动构筑绿色通道。推动武汉城市圈域电话区号、移动网络统一，促进区域信息网络一体化。完善武汉城市圈域电力设施网络，推行电力同网同价。构造武汉城市圈域大交通网络，取消车辆"进城费"制度，构建圈域内路桥收费统一平台，推行车辆收费一卡通。构造武汉城市圈域高效、便捷、安全、规范的资金融通网络，推行金融同城结算制度。

参考文献

［1］许学强，等．城市地理学［M］．北京：高等教育出版社，1997.

［2］姚士谋，等．中国城市群［M］．合肥：中国科学技术大学出版社，2001.

［3］殷增涛，等．区域合作与城市群发展［M］．武汉：武汉出版社，2003.

［4］上海证大研究所．长江边的中国——大上海国际都市圈建设与国家发展战略［M］．上海：学林出版社，2003.

［5］吴传清，李浩．关于中国城市群发展问题的探讨［J］．经济前沿，2003（Z1）.

中国城市群城市化效率及影响因素研究*

　　摘　要： 本文根据 2003—2011 年中国 22 个城市群城市化"投入"与"产出"数据，利用 SBM 方向性距离函数和 Luenberger 生产率指数模型，测度各城市群的城市化效率和城市化全要素生产率；利用 Tobit 回归模型对城市群城市化效率的影响因素进行实证检验。研究结果显示：忽略污染排放的城市化效率测度往往会高估城市化的真实效率水平；中国城市群城市化效率总体偏低，主要成因是要素资源投入冗余和污染排放过量；22 个城市群在城市化效率水平、效率损失来源及城市化全要素生产率等方面存在显著差异；中国城市群城市化全要素生产率不断增长主要是由于技术进步而非效率改善的推动；产业结构和技术进步对中国城市群城市化效率具有显著影响。要进一步提升中国城市群城市化效率，必须坚持生态城市化理念，充分考量资源约束和环境消耗，走集约型城市化道路；不断优化城市群产业结构和空间布局，促进劳动地域合理分工和产业转型升级；重视创新环境培育，提高城市群创新能力；因地制宜、因势利导，采取差异化的城市化效率提升措施。

　　关键词： 城市群　城市化效率　全要素生产率　影响因素

　　中国城市化进程在扩大内需、激发经济活力的同时，受资源环境约束也引发了诸多问题。城市化问题产生的根源在于效率偏低（吴敬琏，

　　* 曾原题刊载于《中国人口·资源与环境》2015 年第 2 期。执笔人：万庆、吴传清、曾菊新。

2013）。相对于单个大城市"摊大饼"式平面扩张的城市化模式，以城市群为城市化推进的主体空间形态理应更具效率。但城市群高密度聚集所产生的高强度相互作用，在推动城市群城市化快速发展的同时，也造成了高风险的生态环境威胁（方创琳和关兴良，2011）。根据现有研究成果（方创琳和关兴良，2011；杨青山等，2012；付丽娜等，2013），若综合权衡城市群城市化的投入、期望和非期望产出（环境污染、生态退化），中国城市群人口、经济、社会、空间景观城市化效率均不尽如人意。如何应对未来人口、产业向高密度城市群大规模集聚所面临的资源环境挑战？如何保障城市群城市化持续健康推进？破解这些难题的关键在于提高城市群城市化效率，即以较少的劳动力、资金、土地、能源、环境等投入，获得最大化的经济、社会、生态效益。

国外学术界关于城市化效率研究成果多侧重于不同城市化模式的效率差异比较分析（Cervero，2001；Quaas & Smulders，2012），较少关注具体的城市化效率问题。伴随中国日趋严峻的资源环境约束和快速城市化进程，城市化效率问题日渐成为国内学术热点，在城市化效率的内涵（靳相木，2005）、影响因素（戴永安，2010）、评价方法（刘晓峰等，2007）、区域差异（张晓瑞和王振波，2012；张明斗等，2012）及其与经济增长的相关性（孙东琪等，2013；肖文和王平，2011）等论题上，形成了一些开创性探索成果。但总体而言仍处于起步阶段，在研究内容上，较少关注城市化效率的影响机制、演进规律和发展趋势；在研究尺度上，大多聚焦省域、城市，对城市群的研究尚属空白；在研究方法上，不少研究文献提出的评价指标体系呈现较大的随意性，存在将投入指标与产出指标混淆互用、市辖区指标与市域指标不加区分等问题，偏好选择径向和角度的 DEA 方法计算方向性距离函数，未充分考虑投入产出的松弛性问题，直接影响了测度结果的准确性。为此，本文以城市群为城市化效率研究的空间尺度，运用非径向、非角度的 DEA 模型测度资源环境约束下中国城市群的城市化效率，采用 Tobit 回归模型对城市群城市化效率的影响因素进行实证检验。

一　研究对象、研究方法与数据来源

（一）研究对象

根据《2010 中国城市群发展报告》（科学出版社，2011）和《2013 中国区域经济发展报告——中国城市群的崛起与协调发展》（人民出版社，2013）提出的中国城市群划分方案，考虑到数据的可获得性，本文选取 22 个城市群作为研究对象。

（二）研究方法

1. SBM 方向性距离函数

由于传统的 DEA 模型是基于径向和角度测度效率，未考虑投入、产出的松弛性问题，测度结果往往不准确或有偏（Tone，2001）。为弥补这一缺陷，Tone 提出了基于松弛的（Slack-based Measure，SBM）效率测度模型（Tone，2003），它是一种非径向、非角度的 DEA 模型，能有效避免传统 DEA 模型固有的松弛问题和角度选择，提高计算结果的精准性，且能解决非期望产出存在条件下的效率评价问题。根据 Fukuyama & Weber（2009）以及王兵等（2010）的思想，定义 SBM 方向性距离函数如下：

$$S_V^t(x^{t,k'}, y^{t,k'}, b^{t,k'}) = \min_{s^x, s^y, s^b} \frac{1 - \frac{1}{N}\sum_{n=1}^{N}\frac{s_n^x}{x_{k'n}^t}}{1 + \frac{1}{M+I}\left(\sum_{m=1}^{M}\frac{s_m^y}{y_{k'm}^t} + \sum_{i=1}^{I}\frac{s_i^b}{b_{k'i}^t}\right)}$$

$$s.t. \ \sum_{k=1}^{K}z_k^t x_{kn}^t + s_n^x = x_{k'n}^t, \forall n; \sum_{k=1}^{K}z_k^t y_{km}^t - s_m^y = y_{k'm}^t, \forall m; \sum_{k=1}^{K}z_k^t b_{ki}^t + s_i^b = b_{k'i}^t, \forall i;$$

$$\sum_{k=1}^{K}z_k^t = 1, z_k^t \geqslant 0, \forall k; s_n^x \geqslant 0, \forall n; s_m^y \geqslant 0, \forall m; s_i^b \geqslant 0, \forall i \tag{1}$$

式中，$(x^{t,k'}, y^{t,k'}, b^{t,k'})$ 是 t 时期城市群 k' 投入和产出的方向向量；(s_n^x, s_m^y, s_i^b) 是表示投入、产出松弛的向量，各变量值越大，则其代表的投入冗余量、污染过度排放量和"好"产出生产不足量越大。方向性距离函数 $S_V^t(x^{t,k'}, y^{t,k'}, b^{t,k'})$ 表示生产技术为可变规模报酬（VRS）条件下的城市化效率。若去掉权重变量之和为 1 的约束，则可计算得到生产技术为不变规模报酬（CRS）条件下的城市化效率 S_C^t （$x^{t,k'}$，$y^{t,k'}$，$b^{t,k'}$）。

为了分析城市化无效率的来源，按照王兵等（2010）、Cooper 等（2007）的研究思路将城市化效率损失分解为：

$$IE = 1 - S_V^t(x^{t,k'}, y^{t,k'}, b^{t,k'}) = IE_x + IE_y + IE_b \tag{2}$$

其中，投入冗余：

$$IE_x = \frac{\dfrac{1}{N}\sum_{n=1}^{N}\dfrac{s_n^x}{x_{k'n}^t}}{1 + \dfrac{1}{M+I}\left(\sum_{m=1}^{M}\dfrac{s_m^y}{y_{k'm}^t} + \sum_{i=1}^{I}\dfrac{s_i^b}{b_{k'i}^t}\right)} \tag{3}$$

期望产出不足：

$$IE_y = \frac{\dfrac{1}{M+I}\sum_{m=1}^{M}\dfrac{s_m^y}{y_{k'm}^t}}{1 + \dfrac{1}{M+I}\left(\sum_{m=1}^{M}\dfrac{s_m^y}{y_{k'm}^t} + \sum_{i=1}^{I}\dfrac{s_i^b}{b_{k'i}^t}\right)} \tag{4}$$

污染排放过量：

$$IE_b = \frac{\dfrac{1}{M+I}\sum_{i=1}^{I}\dfrac{s_i^b}{b_{k'i}^t}}{1 + \dfrac{1}{M+I}\left(\sum_{m=1}^{M}\dfrac{s_m^y}{y_{k'm}^t} + \sum_{i=1}^{I}\dfrac{s_i^b}{b_{k'i}^t}\right)} \tag{5}$$

基于城市化进程的"投入—产出"过程，遵循 DEA 效率评价指标数量宜少原则，考虑数据指标的代表性和可获得性，选取劳动力、资本、土地、水资源和能源作为城市化的投入，以综合城市化水平作为城市化的期望产出，以污染排放为非期望产出，构建中国城市群城市化效率评价指标体系（见表1）。

表 1　中国城市群城市化效率评价指标体系

指标	类别	具体指标
投入指标	劳动力投入	就业人数
	资本投入	全社会固定资产投资总额、实际利用外资、地方财政一般预算内支出

续表

指标	类别	具体指标
投入指标	土地投入	城市建成区面积
	水资源投入	供水总量
	能源投入	全社会用电量、煤气（人工、天然气）供气总量、液化石油气供气总量
产出指标	文明成果	城市化水平
	污染排放	工业废水排放量、工业二氧化硫排放量、工业烟尘排放量

2. Luenberger 生产率指数模型

为准确研判各城市群城市化效率的动态演化趋势，本文参照王兵等（2010）的研究思路，引入 Luenberger 生产率指数，以时期 t 和时期 t+1 的技术为参照，将城市化效率从时期 t 到时期 t+1 的变化分解为纯效率变化（LPEC）、纯技术进步（LPTP）、规模效率变化（LSEC）和技术规模变化（LTPSC），即：

$$LTFP_t^{t+1} = \frac{1}{2}\{[S_C^t(x^{t+1},y^{t+1},b^{t+1}) - S_C^t(x^t,y^t,b^t)]$$
$$+ [S_C^{t+1}(x^{t+1},y^{t+1},b^{t+1}) - S_C^{t+1}(x^t,y^t,b^t)]\}$$
$$= LPEC_t^{t+1} + LPTP_t^{t+1} + LSEC_t^{t+1} + LTPSC_t^{t+1} \quad (6)$$

其中：

$$LPEC_t^{t+1} = S_V^{t+1}(x^{t+1},y^{t+1},b^{t+1}) - S_V^t(x^t,y^t,b^t) \quad (7)$$

$$LPTP_t^{t+1} = \frac{1}{2}\{[S_V^t(x^t,y^t,b^t) - S_V^{t+1}(x^t,y^t,b^t)]$$
$$+ [S_V^t(x^{t+1},y^{t+1},b^{t+1}) - S_V^{t+1}(x^{t+1},y^{t+1},b^{t+1})]\} \quad (8)$$

$$LSEC_t^{t+1} = [S_C^{t+1}(x^{t+1},y^{t+1},b^{t+1}) - S_V^{t+1}(x^{t+1},y^{t+1},b^{t+1})]$$
$$- [S_C^t(x^t,y^t,b^t) - S_V^t(x^t,y^t,b^t)] \quad (9)$$

$$LTPSC_t^{t+1} = \frac{1}{2}\{[(S_C^t(x^t,y^t,b^t) - S_V^t(x^t,y^t,b^t))$$
$$- (S_C^{t+1}(x^t,y^t,b^t) - S_V^{t+1}(x^t,y^t,b^t))]$$
$$+ [(S_C^t(x^{t+1},y^{t+1},b^{t+1}) - S_V^t(x^{t+1},y^{t+1},b^{t+1}))$$
$$- (S_C^{t+1}(x^{t+1},y^{t+1},b^{t+1}) - S_V^{t+1}(x^{t+1},y^{t+1},b^{t+1}))]\} \quad (10)$$

当 LTFP、LPEC、LPTP、LSEC 和 LTPSC 大于零时，分别表示生产率增长、纯技术效率改善、技术进步、规模效率提高和技术偏离不变规模报酬（CRS）；反之则反。

（三）数据来源

本文研究时段为 2003—2011 年，分析数据整理自中国统计出版社 2004—2012 年出版的《中国统计年鉴》、《中国城市统计年鉴》、《中国区域经济统计年鉴》、《中国县（市）社会经济统计年鉴》和相关省（区、市）统计年鉴以及中国计划出版社 2004—2012 年出版的《中国城市建设统计年鉴》。

二 中国城市群城市化效率的时空格局分析

（一）中国城市群城市化效率的空间格局

1. 中国城市群城市化效率的空间分异

测算结果显示，不变规模报酬（CRS）和可变规模报酬（VRS）条件下的城市化效率值迥异。根据经验，当两种技术条件下的计算结果不同时，应采纳 VRS 条件下的测算结果（Zheng et al.，1998）。根据经典的 SBM 模型和公式（1），分别测算 2003—2011 年 22 个城市群的传统城市化效率和生态城市化效率（见表 2）。前者是指不考虑"坏"产出（即污染排放），利用经典 SBM 模型计算的城市群城市化效率；后者是指考虑到污染排放，采用包含"坏"产出的 SBM 模型计算的城市群城市化效率。

从 22 个城市群城市化效率均值来看，珠三角城市群、山东半岛城市群、酒嘉玉城市群的传统城市化效率与生态城市化效率均为 1；滇中城市群、黔中城市群生态城市化效率略高于传统城市化效率；其余城市群生态城市化效率均低于传统城市化效率。这表明忽略污染排放的城市化效率测度结果往往会高估城市化的真实效率水平。

表 2 2003—2011 年中国城市群城市化效率均值及其分解

城市群名称	传统城市化效率	生态城市化效率	城市群名称	传统城市化效率	生态城市化效率
长三角城市群	0.556	0.410	鄱阳湖城市群	0.142	0.109
珠三角城市群	1.000	1.000	中部地区城市群	0.395	0.350
京津冀城市群	0.507	0.399	成渝城市群	0.100	0.070
山东半岛城市群	1.000	1.000	关中—天水城市群	0.134	0.101
辽中南城市群	0.799	0.749	北部湾城市群	0.285	0.256
海峡西岸城市群	0.352	0.300	兰西城市群	0.160	0.144
东部地区城市群	0.702	0.643	滇中城市群	0.192	0.238
武汉城市群	0.471	0.466	黔中城市群	0.078	0.079
环长株潭城市群	0.234	0.179	呼包鄂城市群	0.942	0.936
中原城市群	0.530	0.436	宁夏沿黄城市群	0.458	0.360
哈长城市群	0.359	0.322	酒嘉玉城市群	1.000	1.000
江淮城市群	0.222	0.185	西部地区城市群	0.372	0.354
太原城市群	0.809	0.750	均值	0.470	0.431

注：东、中、西三大经济地带城市群划分方案采自《2010 中国城市群发展报告》（方创琳等，2011）。

从整体测度结果来看，22 个城市群城市化效率均值为 0.431，表明中国城市群城市化效率总体偏低，要素资源配置不合理、效率不高，普遍存在投入冗余、污染排放过量和文明成果不足等问题。从经济地带来看，东部地区城市群的生态城市化效率高于中部地区城市群和西部地区城市群。从单个城市群来看，仅珠三角城市群、山东半岛城市群、酒嘉玉城市群的要素资源配置和利用效率达到最优，城市化完全有效；其余城市群则在资源要素配置与利用方面存在不同程度的效率损失。其中，辽中南城市群、太原城市群、呼包鄂城市群的城市化效率损失相对较小。

2. 中国城市群城市化效率损失及其分解

为揭示城市群城市化过程中要素资源配置与利用效率损失的来源，本文根据前述公式，测度了五种要素投入和污染排放的冗余水平以及城市化的文明成果不足程度（见表 3）。

表 3 2003—2011 年中国城市群城市化效率损失分解

城市群名称	投入冗余					产出冗余（不足）	
	劳动力投入	资本投入	土地投入	水资源投入	能源投入	污染排放	文明成果
长三角城市群	0.075	0.097	0.048	0.032	0.075	0.263	0.000
珠三角城市群	—	—	—	—	—	—	—
京津冀城市群	0.100	0.096	0.087	0.018	0.082	0.219	0.000
山东半岛城市群	—	—	—	—	—	—	—
辽中南城市群	0.035	0.052	0.042	0.029	0.019	0.074	0.000
海峡西岸城市群	0.134	0.111	0.088	0.114	0.087	0.166	0.000
东部地区城市群	0.086	0.089	0.066	0.048	0.066	0.180	0.000
武汉城市群	0.128	0.065	0.078	0.118	0.058	0.087	0.000
环长株潭城市群	0.131	0.107	0.104	0.127	0.100	0.241	0.010
中原城市群	0.120	0.063	0.072	0.060	0.070	0.179	0.000
哈长城市群	0.116	0.087	0.110	0.119	0.091	0.156	0.000
江淮城市群	0.139	0.119	0.113	0.130	0.099	0.195	0.021
太原城市群	0.042	0.015	0.026	0.027	0.035	0.104	0.000
鄱阳湖城市群	0.124	0.118	0.101	0.110	0.088	0.293	0.057
中部地区城市群	0.114	0.082	0.086	0.099	0.077	0.179	0.013
成渝城市群	0.132	0.124	0.121	0.123	0.124	0.300	0.007
关中—天水城市群	0.125	0.117	0.108	0.107	0.102	0.302	0.039
北部湾城市群	0.093	0.083	0.071	0.072	0.042	0.223	0.160
兰西城市群	0.111	0.092	0.087	0.090	0.095	0.256	0.125
滇中城市群	0.104	0.096	0.080	0.076	0.069	0.259	0.078
黔中城市群	0.064	0.057	0.043	0.045	0.045	0.159	0.000
呼包鄂城市群	0.011	0.012	0.009	0.008	0.004	0.016	0.004
宁夏沿黄城市群	0.083	0.077	0.069	0.041	0.087	0.267	0.014
酒嘉玉城市群	—	—	—	—	—	—	—
西部地区城市群	0.090	0.082	0.074	0.070	0.071	0.223	0.053
均值	0.098	0.084	0.077	0.076	0.072	0.198	0.027

通过对存在效率损失的 19 个城市群的效率损失进行分解和计算，发现 19 个城市群的平均效率损失为 0.675，其中，劳动力、资本、土地、

水资源和能源五种投入冗余造成的效率损失所占比重分别为 15.55%、13.23%、12.14%、12.04% 和 11.43%，污染排放过程造成的效率损失占 31.32%，文明成果不足的影响仅占 4.29%。这说明绝大多数城市群的城市化仍是一种高投入、高能耗、高污染、低产出的粗放型"投入—产出"过程，普遍存在资源配置不合理、要素利用效率低下等问题；导致城市群城市化效率损失的主要原因并非城市化的文明成果不足，而是要素资源投入冗余和污染排放过量。

从经济地带来看，各地区城市群的城市化效率损失的原因有所差异，但污染排放过量均是城市群城市化效率损失的最主要原因。东部地区城市群城市化效率损失并不存在期望产出不足的症结，其主要影响因素依次为污染排放过量、资本投入冗余和劳动力投入冗余。中部和西部地区城市群城市化效率损失均存在期望产出不足方面的原因，但二者的主要影响因素略有差异。从单个城市群来看，各城市群的城市化效率损失的原因也各不相同，但污染排放过量、劳动力投入冗余是两大主因。

（二） 中国城市群城市化效率的动态演化

1. 中国城市群城市化效率的变化趋势

表 4 显示，22 个城市群城市化效率的均值由 2003 年的 0.513 下降至 2011 年的 0.400，下降近 22%。从城市化效率变化的空间格局来看，中国城市群城市化效率下降幅度呈现西部高于中部、中部高于东部的总体格局。从单个城市群来看，珠三角城市群、山东半岛城市群、酒嘉玉城市群的资源配置效率和利用水平始终保持最优；长三角城市群、海峡西岸城市群、环长株潭城市群、江淮城市群、成渝城市群、黔中城市群、呼包鄂城市群的城市化效率总体上呈上升态势；其余城市群城市化效率总体上呈下降态势，滇中城市群下降幅度（85.4%）最大，北部湾城市群（80.8%）次之，宁夏沿黄城市群、鄱阳湖城市群、关中—天水城市群、兰西城市群的下降幅度超过 50%。

表 4　2003—2011 年中国城市群城市化效率

城市群名称	2003 年	2004 年	2005 年	2006 年	2007 年	2008 年	2009 年	2010 年	2011 年
长三角城市群	0.370	0.394	0.426	0.435	0.421	0.417	0.393	0.365	0.468
珠三角城市群	1.000	1.000	1.000	1.000	1.000	1.000	1.000	1.000	1.000
京津冀城市群	0.371	0.403	0.460	0.431	0.469	0.401	0.354	0.340	0.357
山东半岛城市群	1.000	1.000	1.000	1.000	1.000	1.000	1.000	1.000	1.000
辽中南城市群	1.000	1.000	1.000	0.827	0.721	0.594	0.488	0.486	0.622
海峡西岸城市群	0.254	0.490	0.386	0.344	0.289	0.240	0.205	0.209	0.284
东部地区城市群	0.666	0.715	0.712	0.673	0.650	0.609	0.573	0.567	0.622
武汉城市群	0.428	0.662	0.664	0.552	0.440	0.415	0.339	0.310	0.385
环长株潭城市群	0.134	0.209	0.210	0.170	0.189	0.174	0.170	0.148	0.211
中原城市群	0.492	0.685	0.514	0.496	0.476	0.332	0.274	0.268	0.381
哈长城市群	0.321	0.431	0.442	0.351	0.400	0.312	0.181	0.190	0.270
江淮城市群	0.209	0.139	0.156	0.187	0.150	0.158	0.171	0.173	0.322
太原城市群	0.500	1.000	1.000	1.000	1.000	1.000	0.473	0.402	0.377
鄱阳湖城市群	0.208	0.084	0.099	0.096	0.118	0.097	0.099	0.088	0.097
中部地区城市群	0.328	0.459	0.441	0.408	0.396	0.355	0.244	0.226	0.292
成渝城市群	0.058	0.085	0.071	0.066	0.059	0.082	0.067	0.070	0.076
关中—天水城市群	0.199	0.078	0.079	0.129	0.085	0.079	0.083	0.084	0.090
北部湾城市群	1.000	0.181	0.052	0.195	0.170	0.177	0.172	0.169	0.192
兰西城市群	0.300	0.123	0.121	0.121	0.118	0.114	0.129	0.131	0.141
滇中城市群	1.000	0.136	0.134	0.147	0.163	0.143	0.132	0.139	0.146
黔中城市群	0.025	0.000	0.070	0.070	0.085	0.114	0.106	0.123	0.122
呼包鄂城市群	0.424	1.000	1.000	1.000	1.000	1.000	1.000	1.000	1.000
宁夏沿黄城市群	1.000	0.440	0.261	0.283	0.281	0.229	0.232	0.249	0.268
酒嘉玉城市群	1.000	1.000	1.000	1.000	1.000	1.000	1.000	1.000	1.000
西部地区城市群	0.556	0.338	0.310	0.335	0.329	0.327	0.325	0.329	0.337
均值	0.513	0.479	0.461	0.450	0.438	0.413	0.367	0.361	0.400
变异系数	0.703	0.781	0.815	0.789	0.804	0.851	0.894	0.905	0.795

　　总之，2003—2011 年中国城市群城市化过程中的资源配置与利用水平总体较低，且呈逐步恶化态势；但就个体而论，不同城市群城市化效率的变化趋势有显著差异。从空间差异的变动来看，中国城市群城市化

效率总体上呈先增加后减少的倒"U"型变化趋势。具体表现为：22个城市群城市化效率的变异系数由2003年的0.703增加至2007年的0.804，而到2011年则下降到0.795，略高于期初水平。

2. 中国城市群城市化全要素生产率及其分解

表5显示的是两个时期22个城市群城市化全要素生产率及其成分的变动水平。22个城市群在2003—2007年和2007—2011年两个研究时段的城市化全要素生产率变化指数平均值均为正值，表明中国城市群城市化全要素生产率在两个研究时段均呈不断增长态势。这主要是由于纯技术进步的推动作用，技术进步以生产技术和污染处理技术的改进，直接或间接地降低单位产出的要素资源使用量和污染排放量，最终提高城市化全要素生产率。对比发现，2007—2011年城市化全要素生产率增长0.034，低于2003—2007年城市化全要素生产率0.086的增长水平。究其原因则是技术规模发生了较大变化，技术边界进一步向不变规模报酬（CRS）技术移动。另外，两个考察时段的纯技术效率变化指数为负数但后期的下降速度相对前期略有减缓，这意味着中国城市群城市化过程中的要素资源配置和利用效率不断降低，但效率恶化程度有所好转。

表5　2003—2011年中国城市群城市化全要素生产率及其成分

城市群名称	2003—2007年					2007—2011年				
	LTFP	LPEC	LPTP	LSEC	LTPSC	LTFP	LPEC	LPTP	LSEC	LTPSC
长三角城市群	0.003	0.051	0.311	-0.111	-0.247	0.006	0.047	0.333	-0.048	-0.326
珠三角城市群	-0.027	0.000	0.000	-0.253	0.226	0.002	0.000	0.000	-0.001	0.003
京津冀城市群	0.016	0.098	0.337	-0.158	-0.262	0.002	-0.113	0.468	0.105	-0.459
山东半岛城市群	0.047	0.000	0.361	-0.127	-0.187	0.009	0.000	0.345	-0.011	-0.325
辽中南城市群	0.001	-0.279	0.140	0.107	0.034	0.011	-0.099	0.423	0.096	-0.409
海峡西岸城市群	0.035	0.035	0.439	-0.155	-0.283	0.014	-0.005	0.459	-0.001	-0.440
东部地区城市群	0.013	-0.016	0.264	-0.116	-0.120	0.007	-0.028	0.338	0.023	-0.326
武汉城市群	0.040	0.012	0.452	-0.160	-0.264	0.003	-0.054	0.481	0.048	-0.472
环长株潭城市群	0.066	0.055	0.259	-0.090	-0.158	0.010	0.022	0.334	-0.024	-0.323
中原城市群	0.019	-0.016	0.445	-0.111	-0.299	0.010	-0.095	0.491	0.086	-0.471

续表

城市群名称	2003—2007 年					2007—2011 年				
	LTFP	LPEC	LPTP	LSEC	LTPSC	LTFP	LPEC	LPTP	LSEC	LTPSC
哈长城市群	0.045	0.079	0.431	−0.173	−0.293	0.014	−0.130	0.531	0.132	−0.519
江淮城市群	0.063	−0.060	0.487	−0.016	−0.349	0.034	0.172	0.369	−0.152	−0.355
太原城市群	0.087	0.500	0.157	−0.745	0.174	0.012	−0.623	0.724	0.602	−0.691
鄱阳湖城市群	0.091	−0.089	0.500	0.054	−0.375	0.016	−0.021	0.193	0.020	−0.176
中部地区城市群	0.058	0.069	0.390	−0.177	−0.223	0.014	−0.104	0.446	0.102	−0.429
成渝城市群	0.016	0.001	0.085	−0.021	−0.048	0.007	0.018	0.104	−0.018	−0.097
关中—天水城市群	0.050	−0.114	0.206	0.056	−0.098	0.025	0.005	0.190	0.003	−0.173
北部湾城市群	0.452	−0.830	0.415	0.805	0.062	0.047	0.022	0.378	0.011	−0.364
兰西城市群	0.109	−0.182	0.207	0.124	−0.039	0.037	0.023	0.218	0.003	−0.208
滇中城市群	0.388	−0.837	0.845	0.699	−0.320	0.021	−0.017	0.240	0.013	−0.214
黔中城市群	0.075	0.060	0.088	−0.023	−0.049	0.055	0.038	−0.005	0.002	0.020
呼包鄂城市群	0.341	0.576	0.126	−0.756	0.395	0.032	0.000	0.411	−0.022	−0.357
宁夏沿黄城市群	−0.018	−0.719	0.688	−0.027	0.040	0.386	−0.013	0.007	0.021	0.371
酒嘉玉城市群	0.000	0.000	0.000	0.000	0.000	0.000	0.000	0.000	0.000	0.000
西部地区城市群	0.157	−0.227	0.296	0.095	−0.006	0.068	0.008	0.171	0.001	−0.113
全国	0.086	−0.075	0.317	−0.049	−0.106	0.034	−0.037	0.304	0.039	−0.272

　　由于纯技术进步，东、中、西三大经济地带在两个考察时段的城市群城市化全要素生产率变化指数平均值均为正值。从空间分异特征来看，中国城市群城市化全要素生产率变化指数呈西部高于中部、中部高于东部的梯度格局，前者主要是由于中部地区城市群的规模效率急剧下降以及技术边界大幅向不变规模报酬技术移动，而后者则是由于东部地区城市群的技术进步不如中部地区显著。分阶段来看，三大经济地带的城市群城市化全要素生产率增长水平均出现下降，同样是由于技术边界进一步向不变规模报酬技术移动。

　　东、中、西三大经济地带城市群城市化全要素生产率各成分的变化具有显著差异。东部地区城市群在两个考察时段的城市化纯技术效率变化指数和技术规模变化指数均为负值，且绝对值出现较大幅度增长，表明东部地区城市群在城市化过程中的要素资源配置和利用水平降低且降幅增大、技术边界向不变规模报酬技术加速移动；纯技术进步指数为正值，且有较大幅度增长，表明东部地区城市群城市化的技术进步加速；规模效率变化指数由负转正，表明东部地区城市群城市化的规模效率呈"U"型变化趋势，先恶化后改善。中部地区城市群在两个考察时段的城市化纯技术进步指数均为正值、技术规模变化指数均为负值，且绝对值均有较大幅度增长；纯技术效率变化指数由正变负，规模效率变化指数由负转正，表明中部地区城市群城市化技术加速进步而技术边界却向不变规模报酬技术加速移动，纯技术效率先改善后恶化，规模效率则先恶化后改善。西部地区城市群在两个考察时段的城市化纯技术进步指数和规模效率变化指数均为正值，但绝对水平均有较大幅度下降，表明西部地区城市群城市化技术进步、规模效率改善，但技术进步速度有所放缓、规模效率改善程度略有降低；纯技术效率变化指数由 − 0.227 增加至 0.008，表明西部地区城市群的要素资源配置和利用效率在 2003—2007 年不断恶化，而在 2007—2011 年纯技术效率恶化趋势有所改变；技术规模变化指数均为负值，且绝对值有大幅增长，表明西部地区城市群城市化的技术边界向不变规模报酬技术加速移动。

从单个城市群来看，2003—2007 年，除珠三角城市群、宁夏沿黄城市群和酒嘉玉城市群外，其余城市群的城市化全要素生产率呈正增长态势，增长较大的有北部湾城市群（0.452）、滇中城市群（0.388）、呼包鄂城市群（0.341）；北部湾城市群和滇中城市群的城市化全要素生产率增长主要由规模效率变化和纯技术进步推动，呼包鄂城市群的城市化全要素生产率增长则由纯技术效率变化和技术规模变化推动。珠三角城市群的城市化全要素生产率出现负增长，主要是由于城市化技术偏离不变规模报酬的幅度小于规模效率下降的程度，宁夏沿黄城市群则是由于纯技术效率急剧恶化导致全要素生产率负增长。2007—2011 年，除酒嘉玉城市群外的 21 个城市群的城市化全要素生产率均为正增长，但由于受技术规模逼近不变规模报酬技术的影响，增长程度相对较小。其中，宁夏沿黄城市群的全要素生产率增加量最大，达 0.386，远高于其他城市群，主要是由于前期全要素生产率出现负增长，导致本期基期水平较低。

三 中国城市群城市化效率的影响因素分析

为了检验城市群城市化效率与其影响因素之间的关系，运用 Tobit 模型，对面板数据进行回归分析。影响因素包括城市群规模、人口质量、产业结构、技术进步、信息化水平、基础设施和市场力量，分别用城市群 GDP，每万人大学生人数，第二、第三产业增加值比重，科学支出，人均邮电业务量，人均铺装道路面积，非单位从业人员比重表示。因变量取不变规模报酬（CRS）条件下计算的城市化效率值。为了使数据更加平滑，对各自变量进行取对数处理，回归结果如表 6 所示。

表 6 Tobit 回归结果

变量名称	系数	Z 统计量
城市群规模	− 0.158***	− 6.26
人口质量	− 0.047*	− 1.8
产业结构	1.229***	3.63
技术进步	0.016**	2.02
信息化水平	0.038	1.62
基础设施	0.021	0.63
市场力量	− 0.118	− 1.42
常数项	− 3.566***	− 2.43

注：*、**、*** 分别表示在 10%、5%、1% 的显著性水平上显著。

从表 6 可见，城市群规模、人口质量、产业结构和技术进步等因素对各城市群的城市化效率具有显著影响，其中，产业结构、技术进步对城市化效率的影响是正向的，而城市群规模、人口质量对城市化效率的影响是负向的。

产业结构的高级化对城市化效率具有显著的积极影响。第二、第三产业比重每上升 1 个百分点，城市群城市化效率将提高 1.229 个百分点。技术进步对城市化效率也具有积极影响。科学支出每增加 1 个百分点，城市群城市化效率将提高 0.016 个百分点。但技术进步对城市群城市化效率的影响程度较为微弱，远不及产业结构对城市化效率的影响。

城市群规模对城市化效率具有显著的消极影响。这主要是由于中国城市群规模与最佳规模存在较大偏差，有的城市群规模"偏大"，存在规模不经济；而有的城市群规模"偏小"，尚不具备集聚效应和规模效应。与理论预期相反，人口质量对城市群城市化效率也具有消极影响，但并不十分显著。可能原因是现阶段我国人口质量的提升并没有表现出明显的正外部性，每万人大学生人数的增加并不意味着劳动生产率的必然提升，文化水平的提高也并不一定导致节约意识的增强。因此，特定城市群的城市化效率并不是随人口质量的改善而不断提高。

信息化水平、基础设施、市场力量对城市群城市化效率的影响并不显著，可能是由于绝大多数城市群的信息化和市场化进程以及城际间的基础设施建设仍相对滞后，对城市群城市化效率改善并未产生实质影响。

四 研究结论与政策启示

（1）忽略污染排放的城市化效率测度往往会高估城市化的真实效率水平，要素资源投入冗余和污染排放过量是导致中国城市群城市化效率总体偏低的主因。要进一步提升中国城市群城市化效率，必须充分考量城市化过程中的资源消耗、环境约束，将生态文明建设置于突出地位，遵循生态城市化理念，走集约型城市化道路，提高城市群城市化的集聚效应、规模效应和生态效应。

（2）产业结构和技术进步对城市群城市化效率具有显著影响，中国城市群城市化全要素生产率不断增长主要源于技术进步推动。要进一步提升中国城市群城市化效率，必须坚持不懈地践行经济转型升级发展战略、创新驱动发展战略。一方面，不断优化城市群产业结构和空间布局，促进城市群劳动地域合理分工和产业转型升级，构筑结构优化、技术先进、资源节约与环境友好的现代产业体系以及科学合理、协调互动、协同发展的劳动地域分工格局；另一方面，高度重视创新环境培育，不断夯实城市群创新体系建设的基础，提高自主创新能力，推动城市群发展从主要依靠要素投入向更多依靠创新驱动转变，提高城市群资源要素配置效率，促进城市群持续健康发展。

（3）22个城市群在城市化效率、效率损失来源、城市化全要素生产率等方面存在显著差异。要进一步提升中国城市群城市化效率，必须因地制宜、因势利导，采取差异化的路径措施。具体而言，需充分考虑城市群的资源禀赋、资源环境承载力、发展阶段特征和发展潜力，深入研判影响各城市群城市化效率损失的具体原因和影响机理，制定更具针对性的城市化效率提升方案。

参考文献

［1］吴敬琏．城市化的效率问题和政策选择［J］．中国经济报告，2013（2）．

［2］方创琳，关兴良．中国城市群投入产出效率的综合测度与空间分异［J］．地理学报，2011（8）．

［3］杨青山，张郁，李雅军．基于DEA的东北地区城市群环境效率评价［J］．经济地理，2012（9）．

［4］付丽娜，陈晓红，冷智花．基于超效率DEA模型的城市群生态效率研究——以长株潭"3＋5"城市群为例［J］．中国人口·资源与环境，2013（4）．

［5］靳相木．土地集体制度与中国城镇化效率［J］．山东农业大学学报（社会科学版），2005（1）．

［6］戴永安．中国城市化效率及其影响因素——基于随机前沿生产函数的分析［J］．数量经济技术经济研究，2010（12）．

［7］刘晓峰，陈通，柳锦铭，等．城市化相对效率评价指标选择及评价方法研究［J］．华中科技大学学报（城市科学版），2007（3）．

［8］张晓瑞，王振波．基于PP－DEA模型的区域城镇化发展差异的综合评价［J］．中国人口·资源与环境，2012（2）．

［9］张明斗，周亮，杨霞．城市化效率的时空测度与省际差异研究［J］．经济地理，2012（10）．

［10］孙东琪，张京祥，张明斗，等．长江三角洲城市化效率与经济发展水平的耦合关系［J］．地理科学进展，2013（7）．

［11］肖文，王平．我国城市经济增长效率与城市化效率比较分析［J］．城市问题，2011（2）．

［12］ 王兵，吴延瑞，颜鹏飞．中国区域环境效率与环境全要素生产率增长［J］．经济研究，2010（5）．

［13］ Cervero R. . Efficient Urbanisation: Economic Performance and the Shape of the Metropolis［J］. Urban Studies, 2001, 38（10）.

［14］ Quaas M. F. , Smulders S. . Brown Growth, Green Growth, and the Efficiency of Urbanization［R］. CESifo Working Paper: Resources and Environment, 2012.

［15］ Tone K. . A Slacks-based Measure of Efficiency in Data Envelopment Analysis［J］. European Journal of Operational Research, 2001, 130（3）.

［16］ Tone K. . Dealing with Undesirable Outputs in DEA: A Slacks-based Measure（SBM）Approach［R］. GRIPS Research Report Series Ⅰ, 2003.

［17］ Fukuyama H, Weber W. L. . A Directional Slacks-based Measure of Technical Inefficiency［J］. Socio-Economic Planning Sciences, 2009, 43（4）.

［18］ Cooper W. W. , Seiford L. M. , Tone K. . Data Envelopment Analysis: A Comprehensive Text with Models, Applications, References and DEA-Solver Software［M］. Springer, 2007.

［19］ Zheng J. , Liu X. , Bigsten A. . Ownership Structure and Determinants of Technical Efficiency: An Application of Data Envelopment Analysis to Chinese Enterprises（1986 – 1990）［J］. Journal of Comparative Economics, 1998, 26（3）.

长江经济带城镇化发展的时空
格局与驱动机制研究[*]

——基于九大城市群 2004—2013 年数据的实证分析

摘　要：长江经济带城市群城镇化发展综合水平逐年提升，且呈下游高于中游、中游高于上游的梯度分布格局，其空间差异在峰谷波动中有所扩大；四大城镇化子系统发展具有显著的空间差异和动态演变特征，九大城市群城镇化发展综合水平差距主要体现在人口、空间城镇化方面，经济、社会城镇化方面的差距主要表现为下游发达地区与中、上游欠发达地区之间的差距；市场机制对城镇化发展具有显著的积极影响，政府机制、内源机制和外部机制的影响相对微弱。推进长江经济带城镇化均衡发展的着力点在人口城镇化，关键在于更好发挥政府机制作用。

关键词：长江经济带　城镇化　时空格局　驱动机制

一　引言

长江经济带历来为我国城镇密集带，改革开放以来长江经济带城镇化快速发展。据统计资料显示，1978—2013 年，长江经济带沿线 11 省市的城市总数从 70 个增至 243 个，增长 2.47 倍；城镇人口从 0.617 亿增至 3.083 亿，增长近 4 倍，年均增加 700 多万；人口城镇化率由 14.08% 增

---

　*　曾原题刊载于《武汉大学学报》（哲学社会科学版）2015 年第 5 期。执笔人：吴传清、万庆。

至 53.01% ，年均提高 1.11 个百分点；城市建成区面积达到 18452 平方公里，占全国的比重达到 38.56% 。"沿江（长江）通道"是全国"两横三纵"城镇化战略格局的重要发展横轴，《国家新型城镇化规划（2014—2020 年）》将长江三角洲城市群、长江中游城市群、成渝城市群等列为国家层面重点发展的城市群，《国务院关于依托黄金水道推动长江经济带发展的指导意见》（2014 年 9 月 25 日发布）将长江三角洲城市群、长江中游城市、成渝城市群、黔中城市群和滇中城市群列为长江经济带新型城镇化建设的重要主战场。因此，科学探讨长江沿线城市群发展的时空演变格局及其驱动机制问题，具有重要的理论价值和实践意义。

目前，学术界关于长江经济带城镇化问题的研究成果主要集中在城镇化水平测度（曹广忠等，2011；曾志伟等，2012）、城镇化时空格局（吕飞艳等，2013）、城镇化模式类型（边雪等，2013）、城镇化影响因素（赵玉碧和汤茂林，2013；高永祥，2013）、城镇化质量（徐素等，2011）、城镇化效率评价（孙东琪等，2013）、城镇化路径选择（肖金成和黄征学，2015）等方面。已有研究成果或以流域内某一特定地区为研究对象，或以省域或城市为研究尺度，基于长江全流域层面的定量研究成果尚属空白。

本文以长江经济带沿线九大城市群①为研究对象，通过构建人口、经济、社会和空间四维城镇化水平综合测度指标体系，采用时序全局主成分分析方法，揭示长江经济带城镇化发展的时空演化规律，并利用面板数据模型探究政府机制、市场机制、内源机制和外部机制对长江经济带城镇化发展的驱动机理。

---

① 九大城市群包括长三角城市群、江淮城市群、鄱阳湖城市群、武汉城市圈、环长株潭城市群、宜荆荆城市群、成渝城市群、黔中城市群和滇中城市群。其中，宜荆荆城市群的范围包括湖北省内的宜昌、荆州和荆门 3 个城市；其余 8 个城市群的地域范围参见张学良主编的《2013 中国区域经济发展报告——中国城市群的崛起与协调发展》（人民出版社，2013）。

二　长江经济带城镇化发展水平综合测度

（一）指标体系设计

借鉴已有相关研究成果（陈明星等，2009；孙平军和丁四保，2011；陈文峰，2012；王洋等，2012；臧锐等，2013），遵循科学性、全面性、有效性和可操作性等原则，从人口、经济、社会和空间四个层面，选取20项指标构建长江经济带城镇化水平综合测度指标体系。其中，人口城镇化指的是农村人口向城镇人口转变的过程，选取城镇人口比重（U_{11}），城镇人口规模（U_{12}），第二、第三产业就业人员比重（U_{13}），第二、第三产业就业人员数（U_{14}），市辖区人口密度（U_{15}）等指标；经济城镇化是产业结构由第一产业向第二、第三产业转变的过程，选取人均国内生产总值（U_{21}），人均工业总产值（U_{22}），第二、第三产业增加值比重（U_{23}），经济密度（U_{24}）等指标；社会城镇化是指乡村生活方式向城市生活方式转变的过程，涵盖消费习惯改变、基本公共服务改善、文化教育层次提升等多方面内容，选取在岗职工平均工资（U_{31}）、人均社会消费品零售总额（U_{32}）、人均邮电业务量（U_{33}）、万人拥有医院床位数（U_{34}）、万人拥有医生数（U_{35}）、万人中大学生数（U_{36}）等指标；空间城镇化则指农业用地向非农用地、农村景观向城市景观转变的过程，选取建成区面积（U_{41}）、建成区面积占市辖区面积比重（U_{42}）、市辖区人均绿地面积（U_{43}）、建成区绿化覆盖率（U_{44}）、市辖区路网密度（U_{45}）等指标。

（二）测度方法选择

因涉及多地域、多年度城镇化水平综合评价，采用全局主成分分析法测度长江经济带九大城市群不同年份的城镇化水平。全局主成分分析法是在主成分分析法（PCA）的基础上，用一个集合变量代替全局变量来描绘系统随时间变化的方法，实现主成分分析法和时序分析法的有机结合。这种方法能消除各指标之间的共线性，避免权重确定的主观性，保证评价结果的整体性和可比性。全局主成分分析的实质是将单年份数据表按时间顺序纵向展开形成全局数据表，然后对全局数据表实施经典主成分分析。因主成分分析方法应用广泛，受篇幅所限，本文对此不展开详细叙述。

（三）数据来源说明

本文研究时段为 2004—2013 年。城镇人口比重系根据《2000 人口普查分县资料》和《中国 2010 年人口普查分县资料》中的相关数据采用联合国法推算，城镇人口规模根据城镇人口比重和相关年份《中国城市统计年鉴》推算出的年平均常住人口计算，其余数据均来源于相关年份的《中国城市统计年鉴》、《中国城市建设统计年鉴》和《中国区域经济统计年鉴》，以及长江经济带 11 省市和主要城市的统计年鉴。

（四）测度结果与分析

基于全局数据表，本文利用 SPSS 22.0 统计分析软件，对原始数据进行 KMO（Kaiser Meyer-Olkin）取样适当性度量和 Bartlett 球形检验，检验结果显示数据适合全局主成分分析。遵循特征根大于 1 且累计方差贡献率达到 80% 以上的原则，共提取 4 个主成分。4 个主成分所解释的方差占总方差的 90.982%。

测度结果表明，长江经济带九大城市群城镇化发展存在明显的年际变化和空间差异：

（1）从时间序列上来看，长江经济带城市群城镇化发展水平和城镇化四大子系统发展水平均呈现明显的上升态势，但演变特征差异明显。由表 1 可以看出，2004—2013 年长江经济带城市群城镇化发展水平的综合得分连年增长，由 2004 年的 −4.41 逐年递增至 2013 年的 5.13，增幅为 9.54。从城镇化发展的四大子系统来看（见图 1），同城镇化发展水平变动总体趋势一致，人口、经济、社会、空间城镇化四大子系统发展水平总体呈上升态势，但演变特征具有显著差异。

表 1 2004—2013 年长江经济带城市群城镇化发展水平的综合得分

城市群	2004年	2005年	2006年	2007年	2008年	2009年	2010年	2011年	2012年	2013年
长三角城市群	1.25	2.45	3.95	5.04	7.00	9.08	9.30	10.24	11.57	13.17
江淮城市群	-4.45	-3.87	-2.45	-0.87	0.12	1.85	3.08	4.68	5.14	6.94
鄱阳湖城市群	-5.18	-4.27	-3.81	-2.59	-1.90	0.03	1.27	2.69	3.98	4.57
武汉城市圈	-5.05	-4.59	-4.21	-4.03	-2.46	-1.45	-0.47	1.11	2.16	3.18
环长株潭城市群	-4.59	-3.85	-3.17	-2.42	-1.36	-0.25	0.64	1.45	2.63	3.55
宜荆荆城市群	-4.46	-4.30	-3.99	-3.03	-2.56	-1.75	-0.22	0.63	2.15	3.66
成渝城市群	-7.19	-6.69	-5.52	-4.27	-2.91	-0.98	0.40	1.47	3.12	4.22
黔中城市群	-4.61	-3.87	-3.64	-2.86	-2.48	-2.13	-0.57	0.11	0.25	1.82
滇中城市群	-5.42	-5.38	-4.49	-2.43	-1.33	0.12	1.21	3.22	4.83	5.02
均值	-4.41	-3.82	-3.04	-1.94	-0.88	0.50	1.63	2.84	3.98	5.13
变异系数	0.49	0.62	0.85	1.36	3.33	6.44	1.79	1.03	0.76	0.61

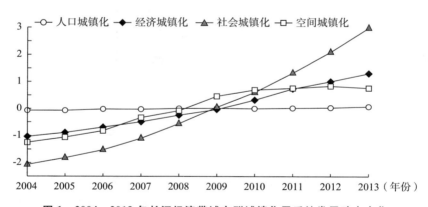

图 1 2004—2013 年长江经济带城市群城镇化子系统发展动态变化

对比发现，2004—2013 年长江经济带城市群城镇化发展水平平均增幅存在“社会城镇化（5.04）＞经济城镇化（2.34）＞空间城镇化（2.01）＞人口城镇化（0.14）”的演变趋势，表明长江经济带城市群城镇化是一个由社会城镇化主导经济、空间、人口城镇化发展的过程。空间城镇化平均水平增幅高于人口城镇化，则意味着城市群地区城市空间扩张与人口增长不协调，产业发展对农村转移人口的吸纳潜力未得到充分发挥。

图 1 显示，2004—2006 年长江经济带城市群城镇化发展主要表现为

人口城镇化，它对区域城镇化的贡献最大，经济城镇化的贡献其次，社会城镇化的贡献最小；2007—2010年人口城镇化水平增长缓慢，对区域城镇化的贡献减弱，而空间城镇化快速推进，逐渐占据主导地位；2011—2013年社会城镇化加速推进，逐步超过空间城镇化而占据主导地位，经济城镇化发展也十分迅速，至末期已超越空间城镇化成为次主导力量，人口城镇化发展仍十分缓慢，处于从属地位。

（2）长江经济带各城市群城镇化发展水平均逐年提升，但空间差异存在先扩大后缩小的倒"U"型变化趋势。由表1可以看出，2004—2013年长江经济带九大城市群的城镇化发展水平均逐年递增，而变异系数先逐年递增，在2009年达到最大，然后逐年下降，但末期略高于基期。这表明长江经济带九大城市群的城镇化虽都有较大发展，但城市群之间在城镇化发展方面的差距非但没有缩小，反而有所扩大。各城市群的城镇化发展水平得分均大幅增长，其中长三角城市群增幅（11.92）最大，成渝城市群（11.41）次之，黔中城市群（6.43）最小。

（3）从空间上来看，长江经济带城市群城镇化发展水平明显呈现下游优于中游、中游优于上游的梯度差异格局。就近期来看，上、中、下游三大地区之间的差距大于地区内部差距。从空间格局的动态演化来看，2004—2013年长江经济带城市群城镇化发展水平的梯度格局基本稳定，但上、中、下游地区之间的差异略有扩大，主要表现为三大地区城镇化发展水平均值的变异系数呈现先扩大后缩小的倒"U"型变化趋势，拐点出现在2008年，且末期略大于基期。由表2可以看出，上游三个城市群之间城镇化发展水平差异的变动具有明显的阶段性，从2004年到2007年，其变异系数呈现"上升—下降—再上升"的"N"型波动趋势；从2007年到2010年，其变异系数不断攀升；2010年以后，其变异系数则逐渐下降，但末期远高于基期。这些变化表明，2004—2013年长江上游城市群城镇化发展水平差距在波动震荡中扩大。中游四个城市群之间的变异系数先逐年递增，在2010年达到最大，然后逐年下降，但末期数倍于基期，表明2004—2013年长江中游四大城市群城镇化发展水平的差距存在先扩大后缩小的倒"U"型变化趋势，且它们之间的差距明显扩大。

下游江淮城市群和长三角城市群之间的差距总体上呈现先扩大后缩小的
倒"U"型变化趋势，但二者之间的差距显著缩小。

表2　2004—2013年长江经济带城市群城镇化发展水平的动态变化

城市群	指标	2004年	2005年	2006年	2007年	2008年	2009年	2010年	2011年	2012年	2013年
长江上游城市群	均值	−5.74	−5.31	−4.55	−3.19	−2.24	−1.00	0.34	1.60	2.73	3.69
	变异系数	0.19	0.22	0.17	0.25	0.30	0.92	2.11	0.80	0.69	0.37
长江中游城市群	均值	−4.82	−4.25	−3.79	−3.02	−2.07	−0.85	0.31	1.47	2.73	3.74
	变异系数	0.06	0.06	0.10	0.21	0.23	0.89	2.26	0.52	0.27	0.14
长江下游城市群	均值	−1.60	−0.71	0.75	2.09	3.56	5.47	6.19	7.46	8.36	10.06
	变异系数	1.78	4.44	4.27	1.42	0.97	0.66	0.50	0.37	0.38	0.31
上中下游之间	均值	−4.05	−3.43	−2.53	−1.37	−0.25	1.21	2.28	3.51	4.61	5.83
	变异系数	0.44	0.57	0.92	1.78	10.78	2.50	1.21	0.80	0.58	0.51

注：根据表4整理计算所得，其中将成渝城市群、滇中城市群和黔中城市群划入长江上游城市群，鄱阳湖城市群、武汉城市圈、环长株潭城市群和宜荆荆城市群划入长江中游城市群，江淮城市群和长三角城市群划入长江下游城市群。

　　（4）从各地区城镇化子系统来看，长江经济带城市群城镇化的四大子系统发展具有显著的空间差异和动态演变特征。由表3可以看出，2004—2013年长江经济带城市群经济、社会城镇化子系统发展水平的变异系数呈现先增加后减小的倒"U"型变化趋势，人口、空间城镇化子系统的变异系数呈波浪形变动。除社会城镇化子系统外，人口、经济和空间三大子系统发展水平的末期变异系数均大于基期，这表明长江经济带城市群在人口、经济和空间城镇化等方面的差距有所扩大，在社会城镇化方面的差距略有缩小。对比发现，当前长江经济带城市群城镇化发展的差距主要体现在人口和空间城镇化方面，社会城镇化方面差距最小（见图2、图3、图4、图5）。根据图3和图4，除长江三角洲城市群外的其余八大城市群在经济、社会城镇化发展上的差距较小，且变动趋势大体一致。这说明长江经济带城市群在经济、社会城镇化发展上的差距主要表现为下游发达地区与其他欠发达地区之间的差距，除长三角城市群外的8个城市群在经济、社会城镇化方面的差距相对较小。

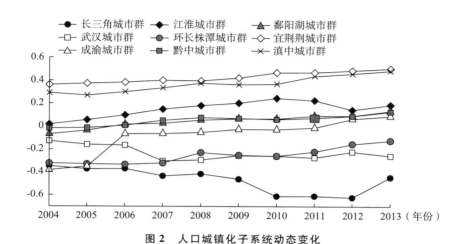

图 2 人口城镇化子系统动态变化

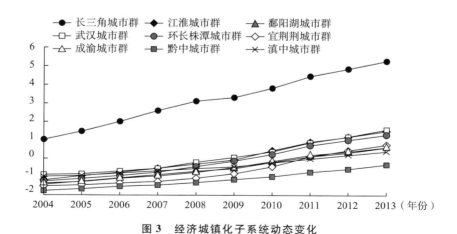

图 3 经济城镇化子系统动态变化

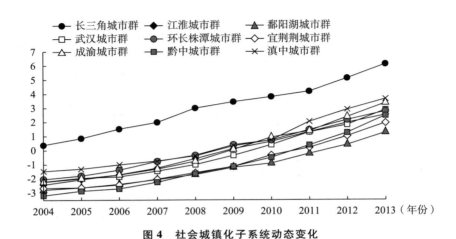

图 4　社会城镇化子系统动态变化

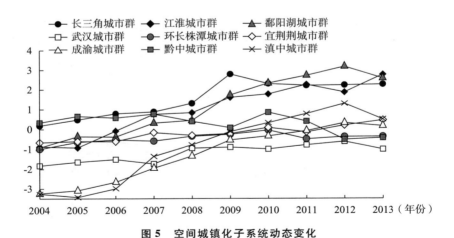

图 5　空间城镇化子系统动态变化

表 3   2004—2013 年长江经济带城市群城镇化子系统的变异系数

城镇化子系统	2004 年	2005 年	2006 年	2007 年	2008 年	2009 年	2010 年	2011 年	2012 年	2013 年
人口城镇化	3.75	4.01	16.56	15.33	29.27	20.67	62.83	16.77	8.49	3.84
经济城镇化	0.75	0.98	1.44	2.31	5.04	42.96	4.07	1.90	1.45	1.16
社会城镇化	0.47	0.58	0.78	1.10	2.41	24.45	2.13	0.92	0.61	0.43
空间城镇化	0.99	1.28	1.52	3.13	10.61	2.56	1.61	1.62	1.52	1.73

（5）从各地区城镇化主导类型来看，长江经济带城市群的城镇化主导类型具有显著的空间差异和时序变动。从表 4 可以看出，2004—2006年，长江经济带城市群的城镇化大多以人口城镇化主导，仅长三角城市群、黔中城市群分别以经济城镇化、空间城镇化主导；2007—2008 年，空间城镇化开始与人口城镇化并驾齐驱，成为推动城镇化发展的两大主导类型，但人口城镇化的贡献稍大，长三角城市群仍以经济城镇化为主导；2009—2011 年，长江经济带城市群的城镇化开始进入多元主导的相对稳定期，如长三角城市群由经济、社会城镇化共同主导，江淮城市群、鄱阳湖城市群、黔中城市群多由空间城镇化主导，而武汉城市圈、环长株潭城市群、成渝城市群和滇中城市群多以社会城镇化主导；至 2012年，社会城镇化开始成为长江经济带城市群占绝对优势的主导类型。这些时空演变特征表明城镇化四大子系统的发展格局不是一成不变的，人口、经济、社会、空间城镇化发展此消彼长，城镇化的主导类型也随之发生演变更替。

表 4   2004—2013 年长江经济带城市群城镇化主导类型

城市群	2004 年	2005 年	2006 年	2007 年	2008 年	2009 年	2010 年	2011 年	2012 年	2013 年
长三角城市群	II	II	II	II	II－III	II－III	II－III	II－III	II－III	II－III
江淮城市群	I	I	I	IV	IV	IV	IV	IV	III－IV	III－IV
鄱阳湖城市群	I	I	I	IV	IV	IV	IV	IV	IV	IV
武汉城市圈	I	I	I	I	II－I	II	III－II	III	III	III
环长株潭城市群	I	I	I	I	I	III	III	III	III	III
宜荆荆城市群	I	I	I	I	I	I	I	I	III	III

城市群	2004 年	2005 年	2006 年	2007 年	2008 年	2009 年	2010 年	2011 年	2012 年	2013 年
成渝城市群	Ⅰ	Ⅰ	Ⅰ	Ⅰ	Ⅰ	Ⅲ‐Ⅰ	Ⅲ	Ⅲ	Ⅲ	Ⅲ
黔中城市群	Ⅳ	Ⅳ	Ⅳ	Ⅳ	Ⅳ	Ⅳ	Ⅳ	Ⅳ‐Ⅲ	Ⅲ	Ⅲ
滇中城市群	Ⅰ	Ⅰ	Ⅰ	Ⅰ	Ⅰ	Ⅰ‐Ⅲ	Ⅲ	Ⅲ	Ⅲ	Ⅲ

注：根据各城市群四大城镇化子系统评价结果整理，其中Ⅰ代表人口城镇化主导，Ⅱ代表经济城镇化主导，Ⅲ代表社会城镇化主导，Ⅳ代表空间城镇化主导，Ⅱ‐Ⅲ代表经济、社会城镇化共同主导，其他符号以此类推。

三　长江经济带城镇化发展的驱动机制分析

通过综合测度得出长江经济带九大城市群城镇化发展水平及各子系统发展水平，发现不同地区的城镇化发展呈现各自的特征和演化趋势。然而，这种城镇化发展空间分异背后的生成机制是什么？又是什么力量在推动各城市群城镇化发展的动态演化？这值得我们进一步深入研究。事实上，中国的城镇化进程受多种外生因素和内生因素的影响（Hu R.，2013），前者如外商直接投资、技术进步和知识外溢等，后者如政府集权和市场化等。并且，不同发展阶段各个因素对推动城镇化的作用大小又各不一样（欧向军等，2008）。总体上看，这些因素大体可以归纳为政府机制、市场机制、外部机制和内源机制四个方面（赵永平和徐盈之，2014）。其中，政府机制对区域城镇化的作用主要表现在人口和空间城镇化方面；市场机制、外部机制和内源机制更多作用于经济和社会城镇化方面，它们相互联系，共同推进区域城镇化发展。

（一）变量选取

（1）政府机制。政府掌握财政、物质、信息、权力等行政资源，可对区域城镇化发展进行直接或间接干预。如通过财政政策对城镇建设的资金投入和工程项目进行统筹安排，间接影响城镇化格局；依靠权力资源可采用行政设置调整的方式将乡村地域转变为城镇地域，直接影响城镇化进程（欧向军等，2008）。本文采用各城市群公共财政支出总额（GOV）表示政府机制。

（2）市场机制。市场经济条件下，市场是资源配置的基础性方式。在城镇化进程中，市场机制引导资本、劳动力和其他生产要素向优势区域、城镇和产业集聚，直接影响区域人口城镇化进程、经济城镇化效率和空间城镇化格局。本文采用社会消费品零售总额（MAR）表示市场机制。

（3）内源机制。企业是市场经济的主体。城镇化发展离不开企业，尤其是本土企业的推动。本土企业不仅是推动工业化的中坚力量，也是提高经济城镇化效率的动力源泉，还能释放吸纳劳动力就业的巨大潜力，对人口城镇化质量产生直接影响。本文采用内资企业规模以上工业总产值（STA）表示内源机制。

（4）外部机制。开放经济条件下，城镇化发展不仅受内资企业的驱动，还得到外资企业的推动。自 2001 年加入 WTO 以来，我国积极扩大对外开放，主动参与全球经济一体化，积极改善投资环境以吸引外资，外商直接投资的综合效应不断彰显，已成为影响我国经济城镇化发展的重要因素之一（He C., Wei Y. D. & Xie X., 2008；He C. & Zhu Y., 2010；Zheng S., Kahn M. E. & Liu H., 2010）。本文采用外商直接投资实际使用额（FDI）表示外部机制。

（二）计量模型

根据理论假设，以前文测度的各城市群的城镇化发展水平综合得分为因变量，以政府机制、市场机制、内源机制和外部机制的代理变量作为自变量，建立面板回归模型。为保持数据的平稳性和消除异方差，对自变量取对数。通过对面板数据进行单位根检验和协整检验，发现因变量和 4 个自变量均为 1 阶单整序列，且它们之间存在协整关系。模型形式设定检验和影响效应检验表明，可以设立以下形式的面板回归模型：

$$URB_{it} = \alpha_i + \beta_{1i}\ln GOV_{it} + \beta_{2i}\ln MAR_{it} + \beta_{3i}\ln STA_{it} + \beta_{4i}\ln FDI_{it} + \xi_{it} \tag{1}$$

其中，i 代表城市群，$i = 1, 2, \cdots, 9$；t 代表年份，$t = 2004, 2005, \cdots, 2013$；$URB_{it}$ 为因变量，代表第 i 个城市群第 t 年的城镇化发展水平综合得分；GOV_{it}、MAR_{it}、STA_{it}、FDI_{it} 分别表示第 i 个城市群第 t 年的公共财

政支出总额、社会消费品零售总额、内资企业规模以上工业总产值、外商直接投资实际使用额；ξ_{it}为随机误差项。

（三）估计结果与分析

利用 Eviews 8.0 对上述模型进行估计，发现模型拟合优度较高，调整后的 R^2 值为 0.999，模型总体较为显著，可以作为分析的基础，详细的模型参数估计结果见表5。

表5   固定效应变系数模型参数估计结果

城市群	截距	lnGOV		lnMAR		lnSTA		lnFDI	
		系数	t 值	系数	t 值	系数	t 值	系数	t 值
长三角城市群	-11.35	-4.47***	-3.49	15.27***	10.54	-9.02***	-7.54	9.94***	14.05
江淮城市群	-3.69	-3.31***	-3.38	7.89***	4.74	1.74*	1.71	1.29**	2.37
鄱阳湖城市群	14.53	7.64***	3.81	3.61	1.66	-5.07***	-7.21	0.70	0.50
武汉城市圈	-30.42	-3.76	-1.66	15.72***	4.06	-1.70	-1.00	-1.81	-1.36
环长株潭城市群	14.40	7.42***	5.44	4.43**	2.52	-5.12***	-4.14	-0.98	-0.84
宜荆荆城市群	17.45	1.09	0.30	4.66	1.51	-0.88	-0.27	1.51	0.58
成渝城市群	-16.98	1.97***	2.92	9.41***	16.00	-3.31***	-6.83	0.20	0.61
黔中城市群	4.73	-8.11***	-4.90	10.47***	4.52	3.47***	5.65	0.41*	1.84
滇中城市群	11.33	10.14***	9.01	-1.10*	-1.81	-1.70	-1.66	-0.98***	-5.67

注：***、** 和 * 分别表示在1%、5%和10%的水平上显著；四大机制代理变量数据主要来源于《中国城市统计年鉴》、《中国区域经济统计年鉴》以及相关城市历年统计年鉴。

（1）四大机制对长江经济带各城市群城镇化发展的影响具有显著差异。从固定效应变系数模型参数估计结果可以看出，各城市群的截距项、自变量标准化系数及其 t 统计量和显著性水平具有明显的差异，这说明四大机制对各城市群城镇化的影响在作用方式、作用方向和作用强度上具有较大差异。如市场机制对长三角城市群城镇化发展的影响系数高达15.27，外部机制次之，主要是由于长三角城市群民营经济发达，市场发育程度较高，对外开发条件较好，对外资的吸引力较大，通过市场力量和吸引外资来推动经济城镇化，这也从侧面验证了长三角城市群城镇化属于经济城镇化主导类型。而对于鄱阳湖城市群，一方面，民营经济发展滞后，市场发育不完善，以及对外开放程度不高、吸引力不强，外商直接投资规模偏小，导致市场机制和外部机制对城镇化的拉动乏力；另一方面，尽管有色金属、航空、光电、新能源、生物等制造业发展较快，但吸纳就业能力强的现代服务业发展滞后，内资企业对区域经济、人口城镇化的带动作用也未能充分发挥。相对而言，政府力量对该地区城镇化进程影响较大，政府通过城市国有土地开发、重大基础设施项目建设来强有力地推动空间城镇化，这也就解释了鄱阳湖城市群属于空间城镇化主导类型的原因。

（2）市场机制对长江经济带城市群城镇化发展具有关键作用。通过比较可以看出，市场机制对长三角城市群、江淮城市群、武汉城市圈、环长株潭城市群、成渝城市群、黔中城市群城镇化发展的影响较大且十分显著，表明随着市场化改革的不断深入，市场活力得到极大释放，对长江经济带城市群经济城镇化的正面作用十分突出，市场机制已成为长江经济带大部分城市群城镇化发展的主导力量。尽管政府机制对长江经济带城市群城镇化发展的影响也十分显著，但对各城市群的影响方向和程度存在较大差异。其中，对鄱阳湖城市群、环长株潭城市群、成渝城市群、滇中城市群具有显著的正面影响，而对长三角城市群、江淮城市群和黔中城市群具有显著的负面影响，表明政府力量并非必然导致城镇化水平的提升。同市场机制和政府机制相比，内源机制和外部机制对城镇化发展的积极影响甚微。

四 结论与建议

通过上述分析，得出如下结论：第一，2004—2013 年，长江经济带城市群城镇化发展综合水平逐年提升，且呈现下游高于中游、中游高于上游的梯度格局，其空间差异在峰谷波动中有所扩大。第二，长江经济带城市群城镇化的四大子系统发展具有显著的空间差异和动态演变特征，人口和空间城镇化子系统发展差距是城镇化发展水平差距的主要来源，经济、社会城镇化发展上的差距主要表现为下游发达地区与其他欠发达地区之间的差距。城镇化主导类型具有明显的空间差异，且总体上历经一元（人口城镇化）主导、二元（人口、空间城镇化）主导和多元主导三个阶段。第三，四大机制对长江经济带各城市群城镇化发展的影响具有明显的差异，其中，市场机制发挥了关键作用，政府机制、内源机制和外部机制的积极影响相对微弱。

基于上述结论，提出如下政策建议：第一，推动长江经济带城市群城镇化均衡发展的着力点在人口城镇化。要大力提高上、中游和其他欠发达地区城市群中心城市能级，强化非中心城市产业支撑，增强小城镇的服务功能和对人口的吸纳能力，以促进城市群人口集聚，同时还应破除农业转移人口市民化的体制机制障碍，进一步提升城市群人口城镇化水平，缩小人口城镇化发展差距。第二，推动长江经济带城市群城镇化均衡发展的关键在于发挥政府机制作用。要逐步加大对上、中游城市群城镇化建设方面的投资力度，引导下游和其他沿海发达地区产业向上、中游城市群有序转移，以缩小下游发达地区城市群与上、中游欠发达地区城市群在经济城镇化方面的差距；应大幅增加上、中游欠发达地区城市群民生投入，加快推进基本公共服务均等化，使政府机制在缩小城市群社会城镇化方面差距上发挥积极作用。

参考文献

[1] 边雪，陈昊宇，曹广忠．基于人口、产业和用地结构关系的城镇化模式类型及演进特征——以长三角地区为例［J］．地理研究，2013（12）．

[2] 曹广忠，边雪，刘涛．基于人口、产业和用地结构的城镇化水平评估与解释——以长三角地区为例［J］．地理研究，2011（12）．

[3] 陈明星，陆大道，张华．中国城市化水平的综合测度及其动力因子分析［J］．地理学报，2009（4）．

[4] 陈文峰．基于投影寻踪模型的河南城市化水平综合评价［J］．经济地理，2012（9）．

[5] 高永祥．生产性服务业对城市化发展的影响——区域联动下长三角的经验［J］．南京社会科学，2013（11）．

[6] 吕飞艳，余斌，刘大均．2000—2010年江西省城市化发展及其空间演化［J］．长江

流域资源与环境，2013（10）.

［7］ 欧向军，甄峰，秦永东. 区域城市化水平综合测度及其理想动力分析——以江苏省为例［J］. 地理研究，2008（5）.

［8］ 孙东琪，张京祥，张明斗，等. 长江三角洲城市化效率与经济发展水平的耦合关系［J］. 地理科学进展，2013（7）.

［9］ 孙平军，丁四保. 人口—经济—空间视角的东北城市化空间分异研究［J］. 经济地理，2011（7）.

［10］ 王洋，方创琳，王振波. 中国县域城镇化水平的综合评价及类型区划分［J］. 地理研究，2012（7）.

［11］ 肖金成，黄征学. 长江经济带城镇化战略思路研究［J］. 江淮论坛，2015（1）.

［12］ 徐素，于涛，巫强. 区域视角下中国县级市城市化质量评估体系研究——以长三角地区为例［J］. 国际城市规划，2011（1）.

［13］ 臧锐，张鹏，杨青山. 吉林省城市化水平综合测度及时空演变［J］. 地理科学，2013（10）.

［14］ 赵永平，徐盈之. 新型城镇化发展水平综合测度与驱动机制研究——基于我国省际2000—2011年的经验分析［J］. 中国地质大学学报（社会科学版），2014（1）.

［15］ 赵玉碧，汤茂林. 改革开放以来江苏城市化水平区域差异变动及其影响因素［J］. 人文地理，2013（3）.

［16］ 曾志伟，汤放华，易纯，等. 新型城镇化新型度评价研究——以环长株潭城市群为例［J］. 城市发展研究，2012（3）.

［17］ He C., Wei Y. D., Xie X.. Globalization, Institutional Change, and Industrial Location: Economic Transition and Industrial Concentration in China［J］. Regional Studies, 2008, 42（7）.

［18］ He C., Zhu Y.. Real Estate FDI in Chinese Cities: Local Market Conditions and Regional Institutions［J］. Eurasian Geography and Economics, 2010, 51（3）.

［19］ Hu R.. Drivers of China's Urbanisation and Property Development［J］. Australasian Journal of Regional Studies, 2013, 19（2）.

［20］ Zheng S., Kahn M. E., Liu H.. Towards a System of Open Cities in China: Home Prices, FDI Flows and air Quality in 35 Major Cities［J］. Regional Science and Urban Economics, 2010, 40（1）.

III

其他

西方城市区域集合体
理论及其启示[*]
——以 Megalopolis、Desakota Region、
Citistate 理论为例

　　摘　要：城市区域集合体是许多国家在城市化中后期普遍出现的一种区域空间结构演化现象，中心地理论、廖士景观理论等传统城市空间结构理论无法对此现象做出合理解释，引发了西方城市空间结构理论的一场大变革，产生了以 Megalopolis、Desakota Region、Citistate 命名的三种经典城市区域集合体理论。三种城市区域集合体在空间含义、地域分布、形成机理、基本特征等方面各具特点。三种城市区域集合体理论在空间结构演化形态、演化机制等方面对中国城市区域集合体建设实践具有现实借鉴意义。

　　关键词：城市区域集合体　大都市带理论　城乡一体化区域理论城市主导区域理论

　　从世界范围来看，工业化的发展不仅成为城市化发展的"助推器"，而且也促进城市成为区域经济发展的"发动机"。在欧美经济发达国家以及亚洲部分发展中国家的城市化中后期，区域空间结构的演化出现了一种以大城市为中心，连同周边受其辐射的邻接地区所组成的巨型城市

---

　　* 曾原题刊载于《经济评论》2005 年第 1 期。执笔人：吴传清、李浩。

区域集合体（City – Region Agglomeration）现象。以德国经济地理学家克里斯塔勒（W. Christaller，1933）的中心地理论（Central Place Theory）、廖士（A. lösch，1940）的廖士景观理论（Löschian Landscape Theory）为代表的传统城市空间结构理论无法对城市区域集合体现象做出合理的解释，从而引发了西方城市空间结构理论的一场大变革，产生了戈特曼（Gottmann J.，1957，1961，1967，1987，1990）的大都市带（Megalopolis）理论、麦吉（McGee T. G.，1985，1987，1989，1991）的城乡一体化区域（Desakota Region）理论、佩尔斯（Peirce N. R. et al.，1993）的城市主导区域（Citistate）理论三种具有里程碑意义的城市区域集合体理论。

一　戈特曼的大都市带理论

（一）大都市带理论的演进

1957 年，法国经济地理学家戈特曼根据对美国东北海岸地区的考察，在《大都市带：东北海岸的城市化》（*Megalopolis：The Urbanization of the Northeastern Seaboard*）一文中，他把沿美国东北海岸的波士顿 600 英里范围内，拥有 3000 万居民的特大城市区域集合体称之为 Megalopolis。1961 年出版的《大都市带：城市化的美国东北海岸》（*Megalopolis：The Urbanized Northeastern Seaboard of the United States*）一书是戈特曼大都市带理论演进的一个里程碑。他在该书中从理论上界定了大都市带的内涵，认为大都市带是一个特殊的区域，其大部分为建成区，空间上由各个社区和产业区交织成星云状空间结构；尽管其中分布有农田、森林等绿地，但这些绿地中又布局有许多住宅区或工厂，农业收入在总收入中仅占极少部分，居住在农村地区的大部分农村人口与农业无丝毫关系。1987 年出版的《大都市带的再考察：二十五年后》（*Megalopolis Revisited：Twenty – five Yeas Later*）一书是戈特曼大都市带理论趋于成熟的标志。戈特曼在该书中从产业结构变动、人口分布、劳动力构成、土地利用形式等视角探讨了美国东北海岸大都市带的特征，分析了它的自然、社会和经济基础，建立了完整的大都市带理论体系。

（二）大都市带理论的基本内容

1. 大都市带名称的渊源及空间含义

Megalopolis 一词源自古希腊。公元前 4 世纪，古希腊人在伯罗奔尼撒半岛规划了一个城邦，他们希望这一城邦日后发展成为希腊最大的城市，并将其命名为 Megalopolis。"Megalo" 之意为 "巨大"，"polis" 之意为 "城市"。尽管迄今它仍仅仅是位于赫里森（Helisson）河谷盆地里的一个并不著名的小城，但 Megalopolis 一词所蕴含的 "巨大的城市" 含义已得到普遍应用。我国学者根据研究的需要对 Megalopolis 有不同的译称，如 "大都市带"、"大城市带"、"大都市连绵区"、"城市连绵区"和 "城市地带" 等。

戈特曼借用 Megalopolis 一词并赋予其现代含义，他认为，支配美国经济发展的空间经济形态已不再仅仅是一个单一的大城市或都市区，而是聚集了若干都市区，并在人口和经济活动方面密切联系的城市区域集合体。在他看来，大都市带这种城市区域集合体并不是多个都市区的简单组合，而是有着质的变化的有机整体。

2. 大都市带的地域分布

大都市带是工业化和城市化发展到高级阶段的产物。戈特曼在 1957 年发表的论文中指出：最先出现这一新型空间结构形态的地域是美国东北海岸从新罕布什尔州的希尔斯布鲁（Hillsbrough）到弗吉尼亚州的费尔法克斯（Fairfax）之间的城市密集地区；当时世界上其他两个有可能发展成大都市带的地域是欧洲西北部从巴黎经布鲁塞尔、阿姆斯特丹直到鲁尔、科隆这一地区和英格兰中部从曼彻斯特、利物浦到伦敦这一地区。

进入 20 世纪 80 年代以后，随着全球工业化进程的加速，大都市带已经成为城市化水平较高地区普遍出现的一种空间结构形态。戈特曼在 1987 年出版的专著中指出：当时世界上已形成 6 个大都市带，即他在 1957 年提出的美国东北部大西洋沿岸大都市带、欧洲西北部大都市带和英格兰大都市带，以及此后形成的日本东海道太平洋沿岸大都市带、美国五大湖沿岸大都市带和中国长江三角洲大都市带；正在形成的大都市带有美国西部沿岸大都市带、巴西西南部沿海大都市带和意大利北部波河平原大都市带。实践证明，这些大都市带现都已成为一国经济发展的核心区。

3. 大都市带的形成机理

戈特曼认为，促进大都市带形成的驱动力主要表现为中心城市扩散效应的推动、信息技术革命与"白领革命"的推动。

（1）中心城市扩散效应的推动。选址于中心城市的现代化工业普遍地采用流水线作业，占地面积不断增加，生产成本中的土地成本上升，加上环境保护的压力，迫使工厂向郊区迁移，而运输系统的现代化加速了这种趋势。随之而来的住宅郊区化和商业服务部门外迁，促使中心城市向四周蔓延。城市与城市间的农田分界带日渐模糊，出现连成一片的地域空间景观，大都市带这一新型城市区域集合体由此形成。

（2）信息技术革命和"白领革命"的推动。随着社会生产力水平的提高，科学技术、信息技术的推动作用日益显著，反映在劳动力结构上则体现为不直接从事物质产品生产的技术人员对社会财富的贡献超过了体力劳动阶层，戈特曼称之为"白领革命"。大都市带正是依托白领劳动者从事的第三产业（商业、运输业、通信业、金融业等行业）、第四产业（科学研究、教育、信息服务、咨询等行业）加强了其枢纽功能和孵化器功能。

4. 大都市带的空间特征与功能特征

大都市带的空间特征主要表现为空间形态特征和空间组织特征。

（1）大都市带的空间形态特征。核心区构成要素的高密集性和整体区域多核心的星云状结构是大都市带空间形态的显著特征。人口、物资、资金、信息等要素的高密集性是大都市带的本质特征，也是其他特征形成的基础。而多核心结构则是形成大都市带的基础条件，即使在大都市带形成之后，这种多核心结构仍将继续存在，戈特曼形象地称之为星云状（Nebulous）结构。

（2）大都市带的空间组织特征。从微观上看，大都市带的基本组成单位是都市区，每一个都市区内部都是由自然、人文、经济特征完全不同的多种成分构成。从宏观上看，大都市带则是由各具特色的都市区镶嵌而成的分工明确的有机集合体（Agglomeration），戈特曼将这种集合体形象地称为马赛克（Mosaic）结构。

大都市带的功能特征主要表现为枢纽功能特征和孵化器功能特征。

（1）大都市带的枢纽功能特征。戈特曼选用枢纽（Hinge）、干道（Mainstreet）和十字路口（Crossroad）等词来阐释大都市带的枢纽功能。他认为，大都市带作为一定空间范围内各种发展轴线的枢纽、整个国家对内联系和对外联系网络相结合的枢纽，主宰着国家经济、文化、金融、通信、贸易等方面的主要活动和政策的制定，甚至成为影响全球经济活动的重要力量。

（2）大都市带的孵化器（Incubator）功能特征。戈特曼认为，多种要素在空间上的高度集聚必然产生高强度的相互作用，引发各种新思想、新技术的不断涌现，从而形成大都市带对其他区域具有导向意义的孵化器功能。这种创新能力是大都市带的生命力所在，是促进大都市带壮大的驱动力。

二 麦吉的城乡一体化区域理论

（一）城乡一体化区域理论的演进

西方发达国家的城市化是在工业化推动下启动的，是一种内生的、自我发展的路径模式，其城市化带有明显的自上而下特征。亚洲发展中国家特别是东南亚国家的工业化则是在发达国家向发展中国家实施产业转移的背景下启动的，是一种外力推动的结果，其城市化显现自下而上的特征。

20世纪60年代以来，东南亚国家的城市化进程呈现一个显著特点，即巨型城市区域集合体成为主宰这些国家经济发展的主导力量。加拿大经济地理学家麦吉在1985年就指出：在亚洲某些发展中国家的核心经济区域（如泰国的曼谷、印尼的爪哇、中国的上海）出现了与西方发达国家的大都市带相类似但发展背景截然不同的新型城市区域空间结构。1987 年，麦吉在《城镇化还是乡村城镇化？亚洲经济交互作用新型区域的出现》（*Urbanisasi or Kotadesasi? The Emergence of New Regions of Economic Interaction in Asia*）一文中，用 Kotadesasi 一词描述了这种与传统城镇化机制完全不同的城乡联系空间结构，探讨了 Kotadesasi 的空间范围和基本特征。1989 年，麦吉在《亚洲巨型城市区域的出现》（*The Emergence of Megaurban Regions in Asia*）和《亚洲新型城乡一体化区域的出现：对国家和区域政策的启示》（*New Regions of Emerging Rural-urban Mix in Asia：Implications for National and Regional Policy*）两篇论文中，采用 Megaurban Region、Rural-urban Mix 进一步完善该理论。1991 年，麦吉在《亚洲城乡一体化区域的出现：扩展一个假设》（*The Emergence of Desakota Regions in Asia：Expanding a Hypothesis*）一文中，用 Desakota Region 取代 Kotadesasi 等词，并阐述了 Desakota Region 的形成条件和动力机制。

（二）城乡一体化区域理论的基本内容

1. 城乡一体化区域名称的渊源及空间含义

Desakota 是由印尼语创造的复合词。"Desa"为"乡村"（rural）之意，"Kota"为"城镇"（urban）之意，二者合成词的含义是"城乡一体化"。我国学者对 Desakota Region 一词有"城乡一体化区域"、"城市乡村结合体"和"城乡一体地区"等不同译称。

麦吉认为，城乡一体化区域是指在同一地理区域内同时发生的城市性和农村性的行为。麦吉用它来描述亚洲大城市之间交通走廊地带的农村地区所发生的以劳动密集型工业、服务业和其他非农行业的迅速增长为特征，物流和人流相互作用十分强烈的发展过程。在麦吉看来，城乡一体化区域的空间范围包括：两个或两个以上的核心城市；当天可通勤的城市外围区域以及农业与非农业混杂的人口稠密的农村区域。

2. 城乡一体化区域的地域分布

20 世纪 60 年代和 80 年代的两次国际大分工促使世界经济中心从大西洋逐渐转移至太平洋，劳动密集型制造业从发达国家向发展中国家的转移促使拥有便捷海运港口的东南亚沿海城市或城市国家迅速形成城乡一体化区域。新加坡、印度尼西亚的爪哇、泰国的曼谷、菲律宾的马尼拉和中国的上海在利用其港口优势的基础上，融入世界产业链，参与全球分工，逐渐演化成推动一国经济发展的城市区域集合体。

3. 城乡一体化区域的形成机理

麦吉认为，促进城乡一体化区域形成的驱动力主要表现为交通通信手段革命、国际分工浪潮。

（1）交通通信手段革命的推动。20 世纪 80 年代以来，劳动力、商品、资本和信息的流动方式都发生了巨大的变革，原有的关系网络随这一变革而瓦解，呈现向城市区域集中的趋势。经济关系、社会关系等网络结构的变化影射到具体的区域，直接导致其空间结构的重组。城乡一体化区域就是沿发达的交通通信网络而形成的农业与非农业混合交错的巨型城市区域集合体，其目的在于最大效率地利用交通网络。

（2）国际分工浪潮的推动。20 世纪 60 年代的国际产业大转移为东南亚地区的发展提供了良好的机遇。20 世纪 80 年代以来东南亚地区在劳动力成本不断上升的不利状况下，仍然吸引着发达国家大量的投资者，其根本原因就在于其独特的区位优势。城乡一体化区域良好的市场环境和便捷的通商口岸，促使跨国公司在该区域设立组装生产和出口基地。新一轮国际分工浪潮进一步促进了城乡一体化区域的发展。

4. 城乡一体化区域的基本特征

麦吉认为，亚洲城乡一体化区域呈现以下五大显著特征：

（1）城乡联系密切。由于传统种植业的生产经营活动均具有季节性特点，加之人多地少的人地矛盾突出，大量的剩余农业劳动力需要寻找非农就业岗位，增强了城乡联系的内在动力。

（2）中心城市的扩散效应显著。城乡一体化区域是基于中心城市的工业向外扩散并逐步带动农村地区非农业化而形成的。在城乡一体化区域的形成过程中，政府产业转移政策的引导起到了不可忽视的作用。

（3）各种用地方式交错布局。城乡一体化区域内农业、农副业、工业、住宅业用地方式及其他各种土地利用方式交错布局，既为农产品提供了便利的加工场所和广阔的消费市场，也带来了环境的污染和破坏。

（4）人流、物流频繁。密集的交通网络增强了城乡一体化区域人员和货物的流动性和迁移性，摩托车、卡车等非高技术运输工具的普及使得运费相对低廉，促进了区域运输网络的不断扩展。

（5）跨越行政区划界限。城乡一体化区域与行政区划的边界范围不尽一致，跨越行政区划界限的城乡一体化区域成为政府行政管理的"灰色区域"。

三　佩尔斯的城市主导区域理论

（一）城市主导区域理论产生的背景

20世纪90年代以来，以市场经济为基础的全球经济一体化愈演愈烈，全球竞争的焦点由军事实力的竞争转向经济实力的竞争。城市作为一国经济力量的主要载体，比地方政府具有更灵活的资源支配性功能。地方政府的权力不可跨越国界，而城市凭借其全球性的产业链，可轻而易举地实现资源在全球范围内的优化配置。

美国新闻记者佩尔斯出于"为下个世纪筹划"的目的，在1993年出版的《城市主导区域：城市化的美国如何在竞争性世界中繁荣》（*Citistates: How Urban America Can Prosper in a Competitive World*）一书中，通过解剖美国一些具有代表性的城市（如凤凰城、西雅图、巴尔的摩、欧文斯伯勒、达拉斯和圣保罗），创造性地提出了Citistate这一新词。他认为，以往对城市区域集合体进行概括所使用的都市区（Metropolitan Area）、城市聚集区（Conurbation）等词已显过时，它们能揭示城市量级和空间结构的巨变，但不能反映其本质，只有Citistate一词才能完整反映美国乃至全球现已形成的城市区域集合体的全部意义，揭示区域主义超越主权国家主义的新现象。他预言这些Citistate将成为21世纪经济活动、政治管辖和社会组织的主导区域。

（二） 城市主导区域理论的基本内容

1. 城市主导区域名称的渊源及空间含义

佩尔斯认为，3000 年前出现在古希腊的 City-state（城邦）与现代的 Citistate 之间有着承继渊源关系。City-state 是指由中心城市与周边的农村共同形成的社区（Community），它比后来出现的 Nation-state（国邦）更具 "自然的政治和经济实体" 的特征。而 Citistate 则是经济全球化背景下的产物，它由城市中心地带、城郊区、乡村腹地组成，这些组成部分在地理、环境、劳动力方面有着明显的内在联系，共有着一份经济、社会发展前景。Citistate 更着重强调城市的经济职能，其腹地可以随着经济联系而向全球延伸。它的空间结构与以往的城市区域集合体有着质的差别，呈现非连续性和跳跃性特征。我国学者针对 Citistate 所具有的 "以城市为中心的经济政治共同体" 的含义，将 Citistate 译作 "城市主导区域"、"城市自治区域"、"城市自主区域"、"城市治理区域"、"城市自理区域" 和 "城市国家" 等。

2. 城市主导区域的形成机理

佩尔斯认为，促进城市主导区域形成的驱动力主要表现为城市经济发展的推动、国家经济联系通畅的推动以及城市民间投资资本扩张的推动。

（1） 城市经济发展是促进城市主导区域形成的关键推动力。无论是古代的城邦（City-state）还是现代的城市主导区域（Citistate），在其整个演化进程中，城市经济发展是关键性推动力，是 "提高其影响力的关键因素"。由于知识、技能、信息等生产要素日显重要，脑力成为 21 世纪的主要战略性资源，城市日益显示其吸引和培育人才的重要潜能和优势，使城市主导区域呈现巨大的创造力和活力。

（2） 国际经济联系的通畅强劲地促进了城市主导区域的形成。城市主导区域时代到来的一个重要因素就是由于遍及全球的国际自由贸易、共同市场和经济联盟的发展，最能显示国家经济权力的贸易壁垒、对外的经济自主权和对内的民族工业保护权不断消除和瓦解，"国邦" 的部分权力或上升为各种各样的跨国经济组织（如欧盟等），或下降到各个城市区域。伴随着"国邦"控制力缩小的是有些城市主导区域已经和正在成长为具有全球性影响的国际性城市。

（3）民间投资资本成为城市主导区域产生和发展的母乳。尽管西方大多数发达国家政府财政日益捉襟见肘，为巨额财政赤字所困，以致历经数载才会有微乎其微的以地区为目标的政府资助，但与此相对应的民间投资资本却彰显出越来越大的扩张性和在国内外市场进行集散的能力，成为城市主导区域形成的直接动力。

3. 城市主导区域的基本特征

（1）城市主导区域已经和正在成为国际性城市而具有全球性影响。佩尔斯指出：纽约、伦敦、东京等城市主导区域的大银行、大公司和旅游机构都能随时与全球电讯媒体相连，在几秒钟之内获知全球的股票、期货行情并及时做出动态反应。这种国际化、信息化的趋势也对其他一些城市具有示范效应，进而促进全球性城市体系的形成和完善。

（2）城市主导区域呈现蓬勃生机，正成为世界人口的主要增长区。佩尔斯指出：劳动力的自由流动淡化了人们"故土难离"的意识以及"没有国籍就等于在大庭广众之中没有穿衣服一样难堪"的观念，越来越多的人口集聚在大城市及其边缘地区。

（3）城市主导区域具有明显的自组织性。佩尔斯强调，每一个城市主导区域都是由一个中心城市及周边城镇、居民区共同构成的有机整体，这种改变了原有建制的城市区域集合体呈现与传统行政区划明显不同的自组织性特征。

四　三种理论对中国城市区域集合体建设的启示

（一）城市区域集合体的空间结构可以选择不同的形态

城市区域在演化过程中，依据其不同的功能定位，可以选择不同的区域空间结构形态。三种不同的城市区域集合体理论揭示了当今城市区域化发展给城市区域空间结构所带来的巨大变化。大都市带从空间结构形态上而言是高密集的核心区和周边地区聚合而成的星状结构。大都市带核心区的枢纽功能促进人口、资金、信息在空间上高度聚集，不断催生各种新思想、新技术，并同时影响其关联区域，共同构成城市区域系统。城乡一体化区域的形成源于连接城市的交通通道、网络，其空间结构形态既非城市，亦非农村，而是农村用地和城市用地交错布局，体现出城乡一体化的特点。城市主导区域在功能上成为参与全球竞争的主要载体，其控制力和影响力远远大于传统意义上的城市，在空间结构形态上表现为一个开放性的中心城市以及比大都市带、城乡一体化区域更为广阔的腹地，空间范围甚至是跨国界的。借鉴上述三种城市区域集合体理论，我国城市区域化发展道路可以依据城市不同的区位条件和功能定位，选择不同的城市区域空间结构形态。如沪（上海）宁（南京）杭（杭州）城市圈区域依据其功能定位可建成类似于大都市带的城市区域集合体；东南沿海福（州）厦（门）地区区位条件类似于东南亚的城乡一体化区域可建成跨国公司的组装生产、加工和出口基地；上海市可利用其发展总部经济的契机，扩展其腹地，建成拥有高级经济、社会、生态循环系统的城市主导区域。

（二）城市区域集合体的演化可以有不同的形成机制

每一种理论的产生都有其特定的时代背景，城市区域集合体理论也不例外。大都市带是西方发达国家城市化在进入工业社会和后工业社会阶段的一种区域空间结构形态，而以信息交易为主的服务性经济活动的高度集聚又引致各种要素的相互交织，由此引发的孵化器功能又反过来对城市区域经济活动产生重大影响，成为大都市带形成的重要基础条件。与大都市带不同的是，城乡一体化区域产生的背景是源于西方发达国家的产业转移，带有明显的外力推动特征。同时，由于东南亚发展中国家的人口密集度高，传统农业发达，人口、物质、资金和信息在地租较低、交通网络发达等具有比较优势的城乡联系区域汇集，推动了城乡一体化经济组织方式的兴起。城市主导区域则是当代经济全球化的产物，是城市化高级阶段的一种表现形式。跨国公司冲破了显示国家经济权力的贸易壁垒，使资金、信息、人才等生产要素能在全球范围内配置。而跨国公司总部的聚集又引致资本、信息、人才的汇集。两种力量的共同作用是既有高密集性中心城市又有全球性腹地的城市主导区域形成的根本动力。我国幅员广阔，不同区域的资源禀赋、区位条件和工业化程度迥异。因此，不宜照搬照抄某一固定模式，而应依据各自不同的区域优势，选择不同的城市区域化发展道路。既要重视大中小城市间的分工协作、城市带建设及其一体化发展，又要重视城乡一体化的协同发展，还要重视沿海地区国际性城市的建设和发展，借此建设具有中国特色的、不同类型的城市区域集合体。

（三）城市区域集合体的建设必须冲破行政区划管理体制的禁锢

无论是大都市带、城乡一体化区域还是城市主导区域都存在着行政区划与经济区域不一致的问题。行政区划对资源要素自由流动的限制与经济区域对资源要素自由流动的诉求之间的矛盾，已成为制约城市区域集合体协调发展的重要因素。东南亚城乡一体化区域原有的城市和农村管理系统已不适应经济发展的需要，成为政府行政管理的"灰色区域"。西方发达国家的城市主导区域则越来越显示出城市行政区行政管理机能在组织经济建设方面的局限性。在我国长三角城市圈区域，中心城市上海与各次级中心城市之间缺乏良好的协调机制，产业结构趋同现象严重，远没有形成完善的分工协作体系。基于这些国内外城市区域集合体建设的经验和教训，按照构建合理经济区的原则对现行行政区划管理体制进行改革的要求日益迫切。

一是对于跨行政区且已密切连成一体的经济区域，如长三角城市圈区域和珠三角城市圈区域，需建立跨行政区划的高层次区域权威协调机制，加强区域内部的分工协作，避免低层次、低效率的恶性竞争，提高资源在区域范围内的配置效率。

二是在加强城镇化建设的同时，加强城乡协调发展，将城乡交接地带的基础设施建设纳入规范化轨道，从总体上提高城市区域集合体社会经济发展水平。

三是积极转变政府职能，强化地方政府服务城市区域集合体经济发展的观念意识，减少对于微观经济行为的直接干预，着力于营造良好的经济发展软环境，引导生产要素跨行政区划自由流动和产业跨行政区划自由转移，发挥市场机制在经济运行中的基础性作用。

参考文献

[1] 周一星 . Desakota 一词的由来和涵义 [J]. 城市问题，1993（5）.

[2] 马昂主 . 区域经济发展和城乡联系：亚洲发展中地区空间经济转变的新理论框架 [J]. 经济地理，1994（1）.

[3] 史育龙，周一星 . 戈特曼关于大都市带的学术思想评介 [J]. 经济地理，1996（3）.

[4] 史育龙 . Desakota 模式及其对我国城乡经济组织方式的启示 [J]. 城市发展研究，1998（5）.

[5] 张京祥 . 西方城镇群体空间研究之评述 [J]. 国外城市规划，1999（1）.

[6] 吴传清 . 概览世界城市群 [J]. 中国城市化，2003（2）.

[7] 吴传清，李浩 . 关于中国城市群发展问题的探讨 [J]. 经济前沿，2003（Z1）.

[8] 许学强，周一星，宁越敏 . 城市地理学 [M]. 北京：高等教育出版社，1997.

[9] 饶会林 . 城市经济学 [M]. 大连：东北财经大学出版社，1999.

[10] 王延辉 . 城市经济制导管理 [M]. 北京：社会科学文献出版社，2000.

[11] Gottmann J. . Megalopolis：The Urbanization of the Northeastern Seaboard [J]. Economic Geography. 1957，33（3）.

[12] Gottmann J. . Megalopolis：The Urbanized Northeastern Seaboard of the United States [M]. New York：K. I. P. ，1961.

[13] Gottmann J. ，Robert A. H. . Metropolis on the Move：Geographers Look at Urban Sprawl [M]. Chicester：John Wiley & Sons Inc. ，1967.

[14] Gottmann J. . Megalopolis Revisited：Twenty-five Years Later [R]. Maryland：University of Maryland，Institute for Urban Studies，1987.

[15] Gottmann J. ，Harpr R. A. . Since Megalopolis：The Urban Writings of Jean Gottman [M]. Baltimore：The John Hopkins University Press，1990.

[16] McGee T. G. . Urbanisai or Kotadesasi? Evolving Patterns of Urbanization in Asia [C]. Paper Presented to the International Conference on Asia Urbanization，Akron：The University of Akron，1985.

[17] McGee T. G. . Urbanisasi or Kotadesasi? The Emergence of New Regions of Economic Interaction in Asia [R]. Hondulrn：EWCEAPI，1987.

[18] McGee T. G.. New Regions of Emerging Rural-urban Mix in Asia: Implications for National and Regional Policy [C]. Paper Presented at the Seminar on Emerging Urban-Regiaial Linkages Challenge for Industrialization Employment and Regiaial Development, Bangkok, 1989.

[19] McGee T. G.. The Emergence of Megaurban Regions in Asia: A Research Proposal [R]. Institute of Asian Research, University of British Colombia (Unpublished Manuscript), 1989.

[20] McGee T. G.. The Emergence of Desakota Region in Asia: Expanding a Hypothesis. // Ginsberg N., Koppel B., McGee T. G.. The Extended Metropolis: Settlements Transition in Asia [M]. Honolulu: University of Hawall, 1991.

[21] Peirce N. R., Johnson C. W., Hall J. S.. Citistates How Urban America Can Prosper in a Competitive World [M]. Washington D. C.: Seven Locks Press, 1993.

城市圈区域一体化发展的理论基础与协调机制探讨[*]

摘　要：区域分工与协作理论、自组织理论、空间一体化理论、共生理论和城市管治理论是促进城市圈区域一体化发展的重要理论基础。我国城市圈区域一体化协调发展机制的建设应以行政协调机制、利益共享机制、产业转移机制、制度一体化机制、市场一体化机制为重点。

关键词：城市圈区域　区域分工与协作　自组织　空间一体化　城市管治

一　城市圈区域一体化发展的理论基础

（一）区域分工与协作理论

1. 区域分工与协作理论的渊源及其基本内容

区域分工与协作理论源于国际贸易理论，经区域经济学家引入区域经济研究领域，用以解释一国范围内的区域间经济关系现象。斯密倡导的古典贸易理论和克鲁格曼倡导的新贸易理论等理论，为区域分工与协作理论提供了理论源泉与方法论基础。

亚当·斯密的绝对成本学说认为，任何国家都应按其绝对有利的生产条件进行专业化生产并进行国际交换，借此促进各国资源得到最有效的利用。大卫·李嘉图的相对成本学说则强调应集中生产优势较大和劣

＊　曾原题刊载于《经济前沿》2005 年第 12 期。执笔人：吴传清、刘陶、李浩。

势较小的商品，此类国际分工对贸易各国均有利。赫克歇尔和俄林的要素禀赋理论（即 H－O 模型）认为，国际分工及贸易产生的主要原因是各国生产要素相对价格和劳动生产率的差异，每个国家或地区应分工生产相对密集地使用其较充裕的生产要素的产品；在生产要素使用具有替代性的条件下，一国或地区密集使用相对低廉的生产要素就可拥有由成本优势决定的竞争优势，通过贸易都可获得比较利益。20 世纪 80 年代中后期，克鲁格曼倡导的"新贸易理论"认为，在一个规模报酬并不总是不变、市场并不总是完全竞争的世界中，贸易活动的动因不仅仅是比较优势，而且还有规模递增收益。新贸易理论把竞争优势拓展到产业内部，强调产业集聚可产生外部规模经济效应，企业聚集在同一区域，有利于劳动力市场共享和知识外溢，企业规模经济、集聚区行业规模、市场规模导致了规模经济分工的产生。国际分工理论产生的客观基础在于要素禀赋、技术、制度、规模经济的不完全流动性，这一特性也是形成一国范围内区域分工的根本所在。除去关税、汇率等因素，国际分工理论普适于一国范围内的区域分工。区域分工与协作即指一国内部的不同区域基于各自的条件和外部环境，在发挥自身优势的前提下进行产业和产品生产方面的分工和协作，是社会经济活动在地域空间上的有机结合。

2. 区域分工与协作理论对城市圈区域一体化发展的理论启示

城市圈区域经济是一种综合经济，其内部不同区域之间存在着密切的分工与协作关系。一个区域专业化发展部分产业将带动其他区域相关生产部门的综合发展，进而形成错落有致、优势互补的城市圈区域功能结构。区域分工与协作理论可从以下三大方面为城市圈区域一体化发展提供理论指导：

（1）区域分工的外部性。具有相对优势的区域在分工发展过程中，可通过区位因素在空间经济活动中产生乘数效应，带动周边区域相关活动的发展。两个存在差异的区域之间，相对发达区域的某些内部性因素向区域外扩散和辐射，对落后区域经济发展产生一系列波及效应，从而推动整体城市圈区域经济的发展。这种发达区域内部性外部化和不发达区域外部性内部化的过程机制是城市圈区域内由分工到协作，并最终走向区域一体化的核心动力机制。

（2）要素禀赋的差异性。不同的区域之间必然存在着资源要素禀赋的差异，呈现各自的优劣势。根据 H-O 模型，每一区域应选择生产要素相对低廉的产业作为优势产业，然后通过区域间贸易流通即可获得比较利益。这一原理对城市圈区域内的落后区域发展尤具指导意义。落后区域可通过由要素禀赋差异而产生的分工获得最初的原始资本积累，缩小与发达区域的经济发展差距，提高本区域的福利水平，为承接发达区域的经济辐射和产业转移奠定良好基础。

（3）比较优势的可创造性。随着产品迂回度的不断增加，各区域间的比较优势不再仅仅依赖于资源要素禀赋。规模经济优势、聚集经济优势等后发比较优势渐趋主导着区域分工与协作。这表明落后区域可通过选择适宜的产业政策，建立具有自身竞争力的产业结构，突破"比较利益陷阱"，从而促进城市圈区域一体化发展。

（二）自组织理论

1. 自组织理论的基本内容

自组织理论认为：自组织是开放的复杂系统的基本属性，向系统注入能量使得一定的参数达到某个临界值，系统往往会自动形成某种秩序和模型，亦即当系统演化无须外界的特定干扰，仅依靠系统内部各要素的相互协调便能自动达到某种目标。科学家们提出"自组织"这一概念是基于发现了系统演化的一个显著特性——非因果律（non-causality），即在一定条件下，作用于系统的外在力量并不能决定系统的内部行为，而是激励系统自发形成某种有序组织的内在、独立过程。自组织理论现已发展成为耗散结构论、协同论、超循环理论、突变论、混沌理论、分形理论、细胞自动机理论、沙堆理论（自组织临界理论）等自组织学科群。

2. 自组织理论中的协同论对城市圈区域一体化发展的理论启示

协同论主要探讨部分、个体、子系统、组群共同工作的规律和机理。将协同论引入城市圈区域一体化发展研究旨在运用其主要核心概念（"竞争"和"协同"）探讨城市圈区域系统自我协调发展的内在机理。

根据协同理论，"竞争"是"协同"的基本前提和条件。在城市圈区域系统演化的过程中，竞争是最活跃的动力。城市圈区域系统内部各中心城市、次中心城市和城市腹地之间的竞争是永存的，它虽然依条件不同可大可小，但由于经济系统的延续性，城市圈区域系统内部子系统之间的差异是永恒的，系统内部各子系统的不平衡并不否定系统是协调的。从开放系统的演化角度看，不平衡性一方面造就了系统自组织演化的条件，另一方面推动了系统向有序结构的演化，即从不协调走向协调。"协同"即指系统中诸多子系统相互协调的、合作的或同步的联合作用。系统内部各子系统之间的协同是在非平衡条件下促使子系统中的某些运动趋向联合并加以放大，从而使之占据优势地位，支配系统整体向更高的层次演化。城市圈区域综合体可通过其所属城市之间的资源共享、市场共享、分工协作、规模经济取得协同效应。此外，文化制度的辐射、知识技术的外溢、产业的转移也是取得协同效应的重要源泉。

（三）空间一体化理论

1. 空间一体化理论的基本内容

在一定区域范围内，随着工业化程度的拓深和工业化范围的延伸，区域内各空间子系统必然突破自身传统边界，实现空间子系统的重组，这一过程被称为空间经济一体化。弗里德曼将空间一体化演化过程概括为4个阶段。①不存在等级的独立地方中心阶段。此为前工业化社会特有的典型空间结构。其特征表现为：每个城市坐落于一个小面积地区的中央，腹地范围小，增长潜力不足，经济停滞不前。②单一强中心城市阶段。此为工业化初期所具有的典型空间结构。其特征表现为：由于企业家、知识分子和劳动力大量迁至中心城市，中心城市以外的其他地区经济发展受阻；城市边缘区域的长期停滞可能会导致社会与政治动荡。③全国中心城市与实力强的边缘次级中心城市共存阶段。这一阶段是工业化迈向成熟的第一步。其特征表现为：战略次中心得到开发；大城市间的边缘区域更易管理，边缘区域的重要资源被纳入国民经济的生产性循环，中心城市的膨胀问题能得以避免，国家增长潜力提高，但大城市之间的边缘区域依然存在贫困与文化落后问题。④功能相互依存的城市体系形成阶段。其特征表现为：城市等级体系形成，交通网络发达，边缘性基本上消失，区域体系最终演变为良好的综合体；城市间的边缘区逐步纳入其邻近的城市经济中；国家一体化、布局效率高、增长潜力最大化与区域差异最小化等空间组织目标已经实现。

2. 空间一体化理论对城市圈区域一体化发展的理论启示

在城市圈区域空间结构的演化进程中，聚集与扩散机制贯穿始终。这一对既矛盾又统一的空间过程力量的消长决定着城市圈区域演化的不同阶段。弗里德曼构建的空间演化模型尽管在空间跨度上是与国家发展相联系的，但对城市圈区域的空间演化仍具有不可忽视的指导意义。城市圈内的不同区域各自空间特性所体现的经济特性相异，因此，应有针对性地采取不同的区域协调措施。

（1）实施产业升级，打破地方封闭。城市圈区域中处于第一阶段的城市，其产业结构单一，中心辐射能力不强，与周边地区和城市圈区域内其他城市的联系偏弱，有被边缘化的趋势。处于该阶段的城市当务之急是调整其单一的产业结构，加强与外界的信息、技术、资金交流，积极融入城市圈区域的分工体系。

（2）推行整体规划，降低中心城市首位度。处于第二阶段的城市圈区域，如武汉城市圈，首位城市（武汉）"鹤立鸡群"，城市功能紊乱，无法彰显中心城市的功能效应。推行城市圈区域整体规划，可促进中心城市功能优化，提高中心城市的空间资源配置效率；可推进产业转移，提高区域内市场的一体化程度，加强区域内资源要素的优化配置。

（3）协调区际利益，实施一体化圈域政策。次中心城市的形成和壮大易导致逆城市化、中心城市地位的下降。城市圈区域内"灰色区域"的出现要求构建跨区域的行政管理体制，并由其制定或协调各城市的财政政策、产业政策、科技政策，进而协调城市圈区域内的区际利益，实现城市圈区域向更高的城市群形态跃迁。

（4）完善网络化设施，促进城市经济指挥功能的集中。处于第四阶段的城市圈区域内生地要求联结成为一个有机的网络。在完善网络化基础设施的基础上，实现城市圈区域内资金周转灵活、能量转换高效、信息传递便捷和物质流动通畅。城市圈区域网络化的发展可以扩大原有物质要素形态网络（如路网、电网、水网等）的容量，提高其功效，使其更具吸引力。

（四）共生理论

1. 共生理论的基本内容

生物学领域的共生学说现已广泛运用于社会学、经济学、管理学等人文社会科学领域。共生理论认为，共生由共生单元、共生模式、共生环境3个要素构成："共生单元"是指构成共生体或共生关系的基本能量生产和交换单位，它是形成共生体的基本物质条件；"共生模式"（又称"共生关系"）是指共生单元相互作用的方式或相互结合的形式。共生关系在行为方式上可分为寄生关系、偏利共生关系和互惠共生关系，在组织程度上可分为点共生、间歇共生、连续共生和一体化共生；"共生环境"是指共生关系存在发展的外生条件，共生单元以外的所有因素的总和构成共生环境。

2. 共生理论对城市圈区域一体化发展的理论启示

城市圈区域内城市之间、城乡之间的协调与共生是区域发展获得新发展机遇的内在要求，也是外部环境决定的必然结果。运用共生理论指导不同层次城市的整体协调，进而提高城市圈区域的竞争力，已成为城市圈区域一体化发展战略研究的一个重要方向。

（1）城市圈区域共生是差异化共生。每一个城市圈区域子系统都应保持自身的独立性和自主性，充分发挥各自比较优势参与城市圈区域内的分工。共生单元之间的差异化必然引发物质、信息、能量、观念的激烈冲突与碰撞，它是形成新物质形态的基础，是城市圈区域观念创新、技术创新、制度创新的基本动力之一。

（2）城市圈区域共生是合作性共生。城市圈区域的合作并不排除竞争，但绝不是共生单元之间的相互排斥和厮杀。区域之间的产业同构引发了对同一资源、同一市场的争夺，这种竞争结果只能是两败俱伤，且造成巨大浪费。在合作基础上开展协同竞争，共同开发资源、开拓市场，有助于促进城市圈区域内部单元结构的优化。

（3）城市圈区域共生是进化性共生。共同激活、共同适应、共同发展不仅是生物体共生的本质，也是社会经济实体共生的本质。一方面，城市圈区域内子系统的共生发展有助于提高圈域核心竞争力；另一方面，城市圈区域内各子系统围绕圈域核心竞争力构建产业链，有助于推动区域分工，进而提升自身竞争力。总之，共生为共生单元提供了理想的进化路径。

（4）城市圈区域共生是互惠性共生。尽管共生系统存在寄生、偏利共生、非对称互惠共生和对称互惠共生 4 种模式，但对称性互惠共生系统是最有效率、最稳定的、共生能量最大的系统。在对城市圈区域实施规划、引导与调控时，应着力于建立城市之间的对称性互惠关系，增强商品、劳务、信息的有效生产、交换与配置。

（五）城市管治理论

1. 城市管治理论的基本内容

对"管治"（governance）的理解迄今为止尚未有一个被普遍认可的定义。简而言之，管治就是约束、协调与控制的过程。西方学者根据参与者、方针、手段和结果将种类繁多的城市管治方式归纳为 4 种一般模式，即管理模式（Managerial）、社团模式（Corporatist）、支持增长模式（Progrowth）和福利模式（Welfare）。

（1）管理模式。该模式强调组织生产的管理者、分配公共服务的管理者以及消费者的专业参与，其目标是增强公共服务的生产和分配效率，保障消费者的选择权利。

（2）社团模式。该模式是通过利益集团高层的直接参与和大众的间接参与，利用再分配部门的协商和谈判以确保集团成员利益和人人共享民主的一种城市管治模式，其主要目标是确保以集团成员的利益构建城市的服务环境和政策环境。

（3）支持增长模式。该模式由商界精英和高层官员直接参与，通过有利于推动经济发展、吸引外资的广泛手段特别是公私伙伴关系来促进经济增长的一种城市管治模式，其目标是实现长期和可持续的经济发展。

（4）福利模式。该模式是政府官员通过与高层政府的关系网络来确保国家基金的流入，以复兴地方经济的一种城市管治模式。该模式的参与者主要是地方政府官员和国家的官僚机构，其短期的目标是确保国家基金的流入以维持地方发展。

2. 城市管治理论对城市圈区域一体化发展的理论启示

城市圈区域在空间上倾向于在跨行政区域范围内扩散，其内部经济结构和社会景观非常复杂，生产和消费间所形成的网络、联系和流通以及相互作用极为紧密，并形成相互交叉的网络。中心城市和次中心城市的增长进一步刺激和强化了经济竞争，对原有行政管理体制造成极大的冲击。

西方城市管治理论强调，实现城市之间以及大都市区一体化发展的关键在于整合和协调好政府、社团组织和个人的利益关系。从不同社会集团利益协调的角度考察城市圈区域一体化协调发展机制，将成为城市圈区域一体化发展研究的一个新视角。

（1）管理模式的理论启示。管理模式的重要特点是它将基于市场的私营部门专业管理理念引入公共部门，这种以市场为导向的理念使管理模式具有强烈的市场适应性和反应力。在城市圈区域的建设过程中，使部分城市服务与普通商品一样由市场提供，必然会打破原有的条块分割的地方利益体系，实现区域公共产品的高效配置。

（2）社团模式的理论启示。社团模式将主要参与者和利益集团引入城市决策的过程，促进了公众的广泛参与。无论是企业组织还是其他非营利公益性组织往往都是跨区域的，基于自身的利益诉求和发展需要，必然会要求缩小城市圈区域内的差异，为其创造良好的内外部环境。另外，由于政府决策的公开化，政策执行成本可有效降低。

（3）支持增长模式的理论启示。该模式最主要的特点是公私互动，通过共同的公私活动以推进地方经济，这种合作往往是基于官员与城市商界精英在经济增长中共有的利益。在城市圈区域内可采取"政府搭台，企业唱戏"的企业主导型经济合作模式，加强经济联系，互通有无，优势互补，推动城市圈区域整体经济的发展，减小圈域内的地区差异。

（4）福利模式的理论启示。这一模式是国家为了扶持和复兴那些曾经繁荣但目前没有能力引入商业或公共组织以重新组织地方经济基础的城市而设置的管治模式。在城市圈区域内加强政府的宏观调控能力，可为落后或萧条地区培植良好的经济环境，吸引外部投资，实现圈域内利益分配均衡、经济发展速度同步和圈域竞争力的提高。

二 城市圈区域一体化协调发展机制建设的重点

依据区域分工与协作理论、自组织理论、空间一体化理论、共生理论和城市管治理论对城市圈区域协调发展的理论启示，并借鉴国内外实践经验，要有效地促进中国城市圈区域一体化协调发展，必须重点建设以下协调机制。

（一）城市圈区域行政协调机制

我国传统的政府单一纵向管理机制模式在社会经济发展中凸显出管理与发展不相适应的积弊，在长江三角洲、珠江三角洲等城市圈区域表现尤具典型性，由于缺乏有效的协调管治，环境污染、土地过度开发、产业雷同、重复投资、基础设施浪费等问题产生，成为可持续发展的障碍。借鉴国外大都市区的管理经验，我国城市圈区域的行政协调机制模式必须突破现有的城市行政区划管理体制界限，构建跨行政区划的区域协调机制。

（1）创设由高一级政府牵头的城市圈区域协调委员会。同级行政区政府间协调机制的作用有限，因此必须设置由高一级政府牵头主导的行政协调机制，才能真正发挥影响。长江三角洲、京津唐等跨省、市（直辖市）城市圈可由中央政府牵头成立协调委员会。珠江三角洲、长株潭等省域内城市圈可由省政府牵头成立协调委员会。协调委员会的职责可定位为：对城市圈区域基础设施建设、市场体系一体化建设、城镇体系优化、环境治理、资源开发与保护、产业结构优化与产业整合等重大问题进行研究、协调、规划，并制定相关政策。但其职能仅限于协调城市圈区域内各城市之间的区域性事务，不干预地方内部事务。

（2）建立具有协调与仲裁功能的区际协调机构。在城市圈区域协调委员会下设日常性办公机构——城市圈区域协调办公室，作为常设的区际协调机构，专司受理有关地方政府对区际利益冲突的申诉，并履行调查、组织协商和提出协调意见的职责。

（二）城市圈区域利益共享机制

在跨行政区界限的区域经济合作中，常常会遇到企业注册地与投资者所在地之间的利益分配冲突问题。要从根本上协调解决此类地区际利益冲突问题，就必须通过实施"利益分成"政策这一正式的制度安排来消除冲突。对投资主体跨行政区的横向经济联合、投资或产业转移等经济活动，相关的地方政府可按投资比例共同分享产值、销售收入和税收，借此构建城市圈区域利益共享机制，促进各地政府积极鼓励本地企业参与区域合作与竞争，使各城市利益的实现能真正建立在做大做强整个城市圈区域的基础上。以利益为纽带，通过利益共享、共沾的机制使各城市都能从区域合作中获益，实现多赢互惠。

（三）城市圈区域产业转移机制

城市圈区域内的中心城市应发挥其拥有的科研优势、信息优势、人才优势、资本优势、交通优势，发展高新技术产业和现代服务业，将不适合中心城市功能需要的占地多、高能耗、高水耗、高劳动强度、高污染产业逐步外迁。外围城市或地区应适应中心城市资本扩张的需要，以优化产业结构为目标，对接中心城市相关产业的转移。鼓励竞争性强的大型企业集团或公司跨地区兼并或联合，实现资产重组，形成规模经济，共同抵御市场风险。加强资本市场合作，共同促进投融资体制改革，培育圈域内的资本市场，增强圈域内市场的融资能力。建立圈域内产权交易市场，通过产权重组，由虚拟资本的转移促进产业的战略性转移。

（四）城市圈区域制度一体化机制

城市圈区域协调发展的障碍往往产生于不同行政区域的政策和制度之间的相互冲突，这也是区际关系紊乱的重要原因之一。降低市场交易成本、行政成本、制度成本是城市圈区域经济协调联动发展的重要目标之一。从城市圈区域整体利益出发，梳理各城市现行地方性政策和法规，减小各城市在税收等特殊优惠政策方面的差异，特别是要在户籍制度、社会保障制度、招商引资、土地批租、外贸出口、人才流动、技术开发、信息共享等方面加强行政协调，联手制定统一的制度框架和实施细则，推进城市圈区域政策和制度框架的融合。

（五） 城市圈区域市场一体化机制

构建城市圈区域统一的共同市场，以市场一体化为核心推动城市圈区域经济协调发展。重点建设领域为：①打破行政区地域限制，实行工商联手，构建一体化商贸市场体系，加大商品交流的广度和深度；②统一规划要素市场的协同建设，构建资本、土地、劳动力、金融、信息等圈域一体化要素市场，创造一个有利于生产要素合理流动和资源有效配置的开放型市场环境；③构建一体化人才市场，制定统一的人才吸引、激励和使用政策，规范人才的合理流动；④构建统一的文化市场，共享大型文化体育场馆、博物馆、图书馆等文化设施；⑤合作开发旅游资源，协同建设旅游基础设施，合力推广旅游产品，共同繁荣区域旅游市场。

城市群体化、圈域化发展已经成为我国城市化进程中的一种必然趋势，这种趋势在长江三角洲地区、珠江三角洲地区、辽宁中南部地区、京津唐地区和四川盆地等城市密集区表现得尤为突出。城市圈区域作为一种经济综合体，关于其协调发展机制的研究理应从不同的角度、运用不同的理论方法来推展。区域分工与协作理论、自组织理论、空间一体化理论、共生理论和城市管治理论只是城市圈区域一体化发展的部分重要理论基础，还应广泛地吸取地质学中的整合理论、国际经济学中的区域一体化理论、发展经济学中的后发优势理论、管理学中的冲突与协调理论、利益相关者理论、战略联盟理论、整合营销理论等自然科学和社会科学理论养分，将它们整合成一个有机的理论支撑体系，积极推动我国城市圈区域发展理论建设并加以指导实践。

参考文献

［1］ Pierre J．．Models of Urban Governance：The Institutional Dimention of Urban Politics［J］．Urban Affairs Review，1999，34（3）．

［2］ 袁纯清．共生理论——兼论小型经济［M］．北京：经济科学出版社，1998．

［3］ 吴彤．自组织方法论研究［M］．北京：清华大学出版社，2001．

［4］ 刘荣增．城镇密集区发展演化机制与整合［M］．北京：经济科学出版社，2003．

［5］ 张京祥．试论中国城镇群体发展地区区域/城市管治［J］．城市问题，1999（5）．

［6］ 石忆邵，章仁彪．从多中心城市到都市经济圈——长江三角洲地区协调发展的空间组织模式［J］．城市规划汇刊，2001（4）．

［7］ 邹兵，施源．建立和完善我国城镇密集地区协调发展的调控机制——构建珠三角区域协调机制的设想和建议［J］．城市规划汇刊，2004（3）．

［8］ 吴传清，李浩．西方城市区域集合体理论及启示［J］．经济评论，2005（1）．

关于中国城市群发展
问题的探讨*

摘　要：全面总结中国城市群发展现状，诊断分析中国城市群发展存在的问题，科学判断中国城市群未来发展趋势。

关键词：城市群　大城市　卫星城市　中等城市

一　中国城市群发展的现状

城市群（Urban Agglomeration）是城市化（Urbanization）过程中，在特定地域范围内，若干不同性质、类型和等级规模的城市基于区域经济发展和市场纽带联系而形成的城市网络群体（Urban Network System）。中国城市群的兴起，是改革开放以来中国区域经济与城市化发展的一大产物。

从新中国成立到改革开放前的近 30 年间，中国城市虽有较大发展，并在 20 世纪 70 年代中后期出现了少数在空间布局上较为集中的城市密集板块，如京津唐地区的北京、天津和唐山，长江三角洲地区的上海、南京和杭州，湖南湘中地区的长沙、株洲和湘潭等，但这些城市各自分属不同的行政区，相互之间并无多少经济有机联系，仅是行政区划上的邻近和地理空间布局上的密集，并非真正意义上的城市群，只能称之为城市空间集聚的雏形。

＊　曾原题刊载于《经济前沿》2003 年第 Z1 期。执笔人：吴传清、李浩。

　　20 世纪 80 年代初期，国家调整城市政策，提出以大城市为中心组织跨行政区域的经济活动，并把沈阳、大连、哈尔滨、青岛、上海、广州、重庆、西安、南京、深圳、成都等 14 个城市列为计划单列市，赋予其省一级经济管理权限。80 年代中后期，国家进一步鼓励以大城市为核心发展横向经济联合，因此出现了一批不同层次的区域联合与横向协作群，如以广州为中心的珠江三角洲经济区、以上海为中心的长江三角洲经济区、以武汉为中心的武汉经济协作区等，中心城市的辐射带动作用凸显，城市间市场分割状况开始松动，呈有限开放态势。

　　进入 20 世纪 90 年代，随着建立社会主义市场经济体制目标的确立以及市场化改革力度不断加大，城市化进程加快，大城市的辐射带动作用及综合功能不断增强，城市间开放度加大，市场纽带作用加强，初步出现了区域一体化态势，崛起了一批初具规模的城市群和正在形成中的城市群雏形。

　　目前，中国具有一定规模的代表性城市群主要是：以上海为中心、南京和杭州为次中心的长江三角洲城市群，共有各类城市 55 个；以广州为中心、深圳和珠海为次中心的珠江三角洲城市群（不含香港、澳门），共有各类城市 24 个；以北京和天津为中心、青岛和大连为次中心的环渤海地区城市群，共有各类城市 52 个。这三大城市群不论从人口和产业的集聚程度，还是从中心城市规模和总体城市数量而言，都已具备大都市连绵区（Extended Metropoliation Region）的基本特征，是正在形成中的中国大都市连绵区。此外，中国还出现了一大批正在形成中的城市群雏形，如以成都和重庆为中心的四川盆地城市群（简称"成渝城市群"）、以武汉为中心的江汉平原城市群（简称"武汉城市群"）、以长沙为中心的湘中地区城市群（简称"长株潭城市群"）、以西安为中心的关中地区城市群（简称"关中城市群"）、以郑州为中心的中原地区城市群（简称"郑州城市群"）、以哈尔滨为中心的松嫩平原城市群（简称"哈尔滨城市群"）、以福州和厦门为中心的闽东南沿海城市群（简称"福厦城市群"）等。

二 中国城市群发展存在的主要问题

尽管中国城市群的发展势头良好，但从总体上来看，目前中国城市群的发展还只处于初步成长期，其发展还存在着一系列问题，主要表现在以下几个方面。

（一）管理体制不顺

城市群是若干不同性质、类型和等级规模的城市基于经济联系而组成的特定经济区域。一个城市群可能分属若干不同的行政区，在发展战略目标、产业结构、产业布局、环境保护等方面，城市群区域与各行政区域之间、城市群内部各城市之间都有可能存在明显的冲突，缺乏协调一致。因此，城市群的发展在客观上要求突破行政区划限制，通过市场机制的调节作用，以中心城市为核心，实现区域资源要素在城市群区域内部各层次之间的优化配置。由于中国区域经济发展呈现明显的"行政区经济"特征，这种"板块经济"和"诸侯经济"模式使得城市群的发展备受现行行政区管理体制的制约和束缚。

（1）区域行政壁垒的存在导致要素流动和进入成本偏高。改革开放后，尽管中国经济体制市场化的程度在不断提高，但地区利益强化而约束软化问题、市场封锁和条块分割流弊、地方保护主义势力等依然存在，要素流通的市场化程度仍不高。据分省市测算，要素市场化程度超过50%的只有北京、上海两市，在30%～40%的只有天津、辽宁、江苏、浙江、山东、海南等省市，其余省市均在30%以下。要素市场化程度低的根本原因在于体制性障碍的制约与束缚。从区际要素流动来看，这种体制性障碍集中表现为区域行政壁垒对要素自由流动的限制，导致要素流动与进入成本偏高，致使区域资源要素不能顺畅流向优势区位——城市，从而影响和制约了城市群的发展。

（2）中心城市管理职能的不完备导致城市群区域内经济发展无法协调。城市群的一个显著特征就是以一个或多个中心城市为核心和依托，在一定的地缘经济范围内组成不同等级、不同规模的城市网络群体，其地域范围往往跨越不同的行政区域。按现行的行政区管理体制框架，中心城市的法定管理权只能限于其所辖行政区划范围，根本不具备跨行政区划的管理协调权限。而城市群的发展，不仅仅只是单个城市的自由发展，而是群体内各城市的整体协调发展，它在客观上要求中心城市发挥跨行政区域的管理协调作用。中心城市现有职能的不完备，导致其无法在市场经济条件下充分发挥中心城市的核心作用。中心城市"管理协调权"的缺位在很大程度上制约和影响了城市群区域内的协调发展，无力克服和解决城市群区域内的产业结构趋同、产业布局近似、重大基础设施建设重复、环境污染以及市场过度竞争等问题。如在京津两地，虽然天津有国际大港，但北京仍到唐山兴建港口；在珠江三角洲地区，广州、深圳、珠海都建有国际机场，在业务上不仅三者之间竞争激烈，而且与香港、澳门两地的国际机场也存在着竞争。

（二）地区水平发展不平衡

城市群在东、中、西部的发展水平明显不平衡。东部地区以长江三角洲、珠江三角洲和环渤海地区三大城市群为代表，其发展已达到相当的规模与程度，目前正在向一体化推进。中部地区城市群发展尚处雏形，一般规模小，且仅限于省域内部分地区，如哈尔滨城市群、郑州城市群、武汉城市群和长株潭城市群等。西部地区地域广阔，但城市数量少，目前仅有以西安为中心的关中城市群、以成都和重庆为中心的成渝城市群略具雏形。

中国城市群发展的这种地区差异，有经济因素、政治因素、社会因素、历史基础等多方面的原因。城市群的不平衡发展在客观上不仅加剧了东、中、西部发展失衡，而且还将进一步扩大这种地区差距。东部地区的三大城市群不仅是东部地区而且也是整个中国的重要经济增长点，它们凭借良好的地理位置优势、发展积累的经验基础、优惠的政策优势推动东部地区经济长期保持着持续快速增长的态势。加入 WTO 后，资金、技术与人才等要素将会更进一步集聚在东部地区，这必将导致东、中、西部城市群在数量、规模、发展程度上的差距越来越大。根据城市群发展的一般内在规律，东部城市群的发展在达到一定的规模与程度后，在资源、市场等方面都将会缺乏发展后劲，它客观上要求中西部的支持与配合。因此，从全国区域经济动态平衡发展的角度而言，城市群发展的地区协调是一个值得高度重视的问题。

（三） 内部结构功能不完善

从城市群网络体系的内部结构来看，国外成熟城市群大都以大城市为核心，以卫星城市为依托，形成类似金字塔的比例结构。中国城市群的内部结构虽然有所调整，但仍然存在较大的缺陷。在东部地区的三大城市群中，除长江三角洲城市群结构比较合理外，其余两大城市群均存在着较为严重的结构失衡问题。如珠江三角洲城市群区域内（不含港、澳地区）特大城市、大城市、中等城市、小城市结构比不尽合理，大城市和小城市数量偏少，整个城市体系结构缺乏有效的传承环节。环渤海地区城市群主要是依靠海路沟通，在地缘上实际被分隔为京津唐、辽东半岛、山东半岛 3 个组团，整体结构松散。此外，环渤海地区城市群内部的城市等级结构也不尽合理，特大城市数量偏多，而大城市、中等城市数量偏少。

从城市群网络体系的内部功能来看，国外成熟城市群的综合经济功能完备，尤其是城市群的核心城市一般是全国乃至世界性经济中心。如纽约、伦敦、东京等作为城市群中心城市，均聚集了相当数量的跨国公司、金融财团、国际和地区性组织、科研和教育机构。而中国城市群的综合经济功能相比较而言显得较为薄弱，其核心城市的集聚与扩散效应也不够强大，其能量等级更不能与国外成熟城市群的核心城市相提并论。

（四） 整体发展规划滞后

尽管城市群并非是一个实体的行政区域，但它又是一个整体，其内部结构功能的合理分工与否直接影响和制约城市群的整体功能发挥，其整体发展的战略定位又直接影响和制约城市群区域与各行政区域之间、城市群内部各城市之间的协调发展。到目前为止，除广东省城乡建设委员会编制有《珠江三角洲经济区城市群规划——协调与持续发展》（1996 年）之外，其他各城市群的发展都缺乏官方编制的整体布局规划与整体发展战略规划作指导。有关环渤海地区城市群规划、长江三角洲城市群规划、武汉城市群规划、长株潭城市群规划等大都还只是停留在学术界的讨论与论证之中。尽管各城市群区域内相关城市官方与民间的热情不断高涨，但由于缺乏一个统一进行战略安排和整体规划的组织，各城市群的整体发展规划仍明显滞后于城市群的发展。

三　中国城市群的未来发展趋势

城市群发展的深层动力在于区域经济和城市化发展的推动。经济全球化的大趋势以及加入 WTO、西部大开发所提供的发展机遇，必将有力地推动中国经济新一轮的持续快速发展。据预测，到 2020 年，东部沿海地区和中西部若干发展条件较好地区将率先基本实现现代化。"十五"期间国家制定了"重点发展小城镇、积极发展中小城市、完善区域性中心城市功能、发挥好大城市辐射带动作用、积极引导发展城市密集圈"的城市发展战略，这种战略安排必将有力地促进城市体系的发育，加快城市化的步伐。据李京文主持的"走向 21 世纪的中国区域经济"课题组预测，到 2020 年，城市总数将从 1997 年的 668 个扩增到 1400 个，其中特大城市和大城市将从 1997 年的 81 个扩增到 176 个，中小城市将从 1997 年的 587 个扩增到 1224 个，城市化水平将由 1998 年的 30.4% 提高到 54.4%。区域经济的繁荣和城市化水平的提高将为城市群的发展提供强有力的支撑条件。

在未来 20 年间，中国城市群将处于快速发展阶段，其发展将呈现以下三大明显趋势。

（一）城市群的数量规模快速扩张

长江三角洲、珠江三角洲、环渤海地区三大城市群将发展为主导中国经济发展的超大型城市群，成为推动中国经济发展的"三大发动机"，成为对亚太经济乃至世界经济具有巨大影响力的超级都会区。福厦城市群、哈尔滨城市群、郑州城市群、武汉城市群、长株潭城市群、关中城市群、成渝城市群等进一步发展壮大为中型城市群，其中，跨省域的成渝城市群有望跳跃发展成为大型城市群。在形成超大型、大型和中型城市群的同时，还将会出现若干小城市群，如以石家庄和太原为中心的石太城市群、以常德和岳阳为中心的环洞庭湖城市群、以南昌和九江为中心的昌九城市群、以昆明为中心的昆明城市群、以贵阳为中心的贵阳城市群等。

（二）城市群的空间等级结构特征日益突出

以全国性中心城市（国家大都市）为核心和依托的珠江三角洲城市群、长江三角洲城市群、环渤海地区城市群以及成渝城市群将发展成为国家级城市群（National Urban Agglomeration）；以区域性中心城市为核心和依托的哈尔滨城市群、郑州城市群、武汉城市群、长株潭城市群、关中城市群、福厦城市群将发展成为地区级城市群（Regional Urban Agglomeration）；以地方性中心城市为核心和依托的环洞庭湖城市群、昌九城市群、石太城市群等将发展成为地方级城市群（Local Urban Agglomeration）。

（三）城市群的区域分化特征日趋显著

区域经济和城市化发展不平衡是城市与区域经济发展的一般规律，也是目前中国城市与区域经济发展的显著特点，这种发展不平衡状况在未来相当长时期内仍将存在并继续深化。据李京文主持的"走向21世纪的中国区域经济"课题组预测，到2020年，东、中、西部国内生产总值占全国比重分别为59.9%、26.8%和13.3%；城市化水平分别为60.3%、53.0%和47.0%。与这种发展不平衡状况相对应，中国城市群发展也将呈现显著的区域分化特征。具体表现为：东部地区三大城市群发展将进入成熟期，区域一体化进程基本完成；中部地区城市群发展将进入成长中期，形成若干规模不断扩大的区域性城市群；西部地区除关中城市群、成渝城市群将进入成长中期之外，其他地区在大、中城市密集发展的基础上将初步兴起若干小城市群。

参考文献

[1] 顾朝林. 经济全球化与中国城市发展［M］. 北京：商务印书馆，1999.

[2] 杨立勋. 城市化与城市发展战略［M］. 广州：广东高等教育出版社，1999.

［3］顾朝林．中国城市地理［M］．北京：商务印书馆，1999.

［4］李京文．走向 21 世纪的中国区域经济［M］．南宁：广西人民出版社，1999.

［5］王茂林．新中国城市经济 50 年［M］．经济管理出版社，2000.

［6］姚士谋，等．中国城市群［M］．合肥：中国科学技术大学出版社，2001.

［7］吴传清．中外城市群发展的特点、规律及趋势［R］．武汉市经济研究所工作论文，2002.

后　记

　　"城市群"是一种新型的空间增长极，是推进城市化地区（城镇化地区）新型城镇化的主要形态，是城市化地区（城镇化地区）空间结构演化的高级形态。城市群建设是提升中心城市集聚、辐射能力和城市竞争力的重要空间载体，也是新时代践行创新、协调、绿色、开放、共享五大新发展理念的重要空间载体。"大都市区"、"巨型城市区域"、"全球城市"（世界城市）、"国家中心城市"、"创新型城市群"、"绿色城市群"（生态城市群）等一批与"城市群"相关的新论题正在成为区域经济学等诸多学科关注的学术热点。

　　我自 2002 年起担任武汉大学经济与管理学院区域经济学专业研究生导师，在教学科研、咨询服务实践中一直关注"城市群"，指导研究生开展相关研习工作，在 2002—2017 年先后完成了若干咨询研究报告，完成了一批学位论文，发表了一批相关研究论文。从中选取若干相关研究成果集合成此书。其中，含 1 篇长江中游城市群研究报告、7 篇长江中游城市群相关研究论文、3 篇其他相关研究论文。

　　本书相关研究工作得到了以下项目资助：国家发展改革委地区经济司社会公开征集课题入选课题"促进长江中游城市群区域产业一体化协同发展的思路和政策研究"、湖北省社科联湖北思想库课题"两型社会试验区建设背景下武汉城市圈新型工业化的推进思路和对策研究"、中央高校基本科研业务费专项资金项目"'两型社会'建设背景下武汉城市圈'产业结构优化升级'改革试验进一步推进思路和政策支持体系研究"（410500167）、中央高校基本科研业务费专项资金资助项目"中国服务业发展问题研究"（410500040）、中央高校基本科研业务费专项资金资助项目"中部地区承接产业转移研究"（410500008）、中央高校基本科研业务费专项资金项目"主体功能区政策设计和绩效评估研究"（2042017kf1025）等。

本书出版得到湖北省武汉市城市圈研究会项目经费资助，谨此致谢！

本书记录了武汉大学区域经济研究中心师生共同探索奋斗的足迹。新时代，我们将不忘初心，继续前行！欢迎本书的读者批评指教！

吴传清

2018 年 1 月 15 日

图书在版编目（CIP）数据

长江中游城市群研究／吴传清等著. -- 北京：社
会科学文献出版社，2018.4
（武汉大学区域经济研究中心系列成果）
ISBN 978 - 7 - 5201 - 2462 - 1

Ⅰ.①长… Ⅱ.①吴… Ⅲ.①长江中下游 - 城市群 -
研究 Ⅳ.①F299.275

中国版本图书馆 CIP 数据核字（2018）第 053365 号

武汉大学区域经济研究中心系列成果
长江中游城市群研究

著　　者／吴传清　万　庆　陈　蕣　黄　磊　等

出 版 人／谢寿光
项目统筹／陈凤玲
责任编辑／陈凤玲　楚洋洋

出　　版／社会科学文献出版社·经济与管理分社（010）59367226
　　　　　地址：北京市北三环中路甲 29 号院华龙大厦　邮编：100029
　　　　　网址：www.ssap.com.cn
发　　行／市场营销中心（010）59367081　59367018
印　　装／三河市尚艺印装有限公司

规　　格／开　本：787mm × 1092mm　1/16
　　　　　印　张：13.25　字　数：191 千字
版　　次／2018 年 4 月第 1 版　2018 年 4 月第 1 次印刷
书　　号／ISBN 978 - 7 - 5201 - 2462 - 1
定　　价／78.00 元

本书如有印装质量问题，请与读者服务中心（010 - 59367028）联系